나만 알아보면 돼!

It's My English Diary

여러분은 하루하루의 스케줄을 어떻게 관리하고 있나요?

다이어리에 적는 사람, 달력에 적는 사람, 휴대폰이나 컴퓨터 스케줄 기능을 이용하는 사람……. 한 조사에 의하면, 가장 많은 대답은 「다이어리」였다고 합니다. 그것을 뒷받침하기라도 하듯, 요즘 다이어리는 어떤 사람의 취향과 필요에도 맞을 수 있을 정도로 종류가 다양합니다. 한 해가 끝나갈 때면, 사이즈나 기능, 커버의 색과 소재, 구성이나 부록정보 등 각각 특징 있는 다이어리가 쏟아져 나옵니다.

「다이어리는 다 똑같다」고 생각하는 사람은 '왜 그렇게 종류가 많은 거야?'하고 궁금해 할지도 모릅니다. 그러나 다이어리의 존재가치가 변해가고 있는 것을 알면, 그 다양성을 납득할 수 있을 것입니다. 지금까지는 「다이어리=앞으로의 예정을 적어놓는 것」이었습니다. 그러나 최근에는 「다이어리=앞으로의 예정+일기+좋아하는 것이나 소중한 것을 적어 놓는 노트」라고 생각하는 사람이 늘어나, 나만의 맞춤형 다이어리는 일상생활에서 빼놓을 수 없는 것이 되었습니다. 덧붙여 영국 영어에서는 「다이어리」나 「일기」를 모두 diary 라고 합니다. 이것을 보아도 다이어리가 일기적 요소를 담고 있음을 알 수 있습니다.

이 책에서는 나만의 맞춤형 다이어리를 만드는 한 가지 방법으로, 영어로 다이어리에 메모해 볼 것을 제안합니다. 「영어로 메모한다」고 하니 대단한 것처럼 들릴 수도 있지만,

실제로 해보면 그다지 어렵지 않다는 것을 알 수 있게 됩니다. 왜냐하면 쓰는 방식에 규칙이 없기 때문입니다. 일반적인 예정은 단어로 쓰는 경우가 많기 때문에 <mark>그다지 문법을 의식할 필요가 없습니다</mark>. 이렇게 말하는 저도 영어교육자이지만 세세한 문법은 신경쓰지 않고 예정이나 마감일 등을 간단한 어구로 적고 있습니다. 자기만 알아볼 수 있는 약자도 이용하고 있습니다.

원래부터 다이어리는 「기억해 둘 것을 적는 노트」입니다. 대부분의 경우 해야할 일이나 예정을 「나만 알아보면 되지」하는 생각으로 간단히 적는 사람이 많습니다. 영어도 마찬가지입니다. 예를 들어, 「은행에서 5만원을 출금한다」의 경우, 문법적으로 맞는 표현은 withdraw ₩50,000 from the bank 이지만, 다이어리에는 「bank / ₩50,000」이렇게만 써도 알아볼 수 있습니다. 「bank」나 「₩50,000」만 써도 괜찮습니다. 영어단어를 모른다면 로마자로 써도 됩니다. 이처럼 다이어리는 <mark>자기 만의 방법으로 적어도 괜찮다</mark>는 가벼운 마음으로 시작할 수 있고, 지속하기 쉬운 도구입니다.

여러분 중에서는 다이어리를 펼쳤을 때 주위 사람들이 보는 것에 신경 쓰이는 분도 있을 것입니다. 그러나 영어로 써두면 비밀성이 높아지고, 주위의 시선도 그다지 신경쓰이지 않게 됩니다. 또 영어로 적어놓은 다이어리를 동경하는 사람도 많다는 점에서는 패션성 높은 아이템이 되는 것도 매력입니다.

자유로운 스타일로 비밀성과 패션성에도 뛰어난 " 영어 다이어리" 를 여러분의 일상에 도입해 보지 않으시겠습니까? 「다이어리」를 쓰게 되면 일상에서 영어를 접하는 기회가 늘어나게 됩니다. 또 다이어리에 여러 번 쓰다 보면 주변의 영어표현을 자연스럽게 익힐 수 있습니다. 세세한 문법은 신경쓰지 말고, 우선 영어로 다이어리에 적어보는 것은 어떨까요?

이 책이 영어로 다이어리에 메모하는 계기가 되고, 나아가서는 어휘력 증강으로 이어진다면 저자로서는 무척 기쁘게 생각할 것입니다.

Ishihara Mayumi

제 다이어리를

제가 과거에 썼던 다이어리입니다.

처음에는 선물 받은 검은 시스템 다이어리를 썼습니다. 예정을 적는 페이지에 더해 수년 분의 달력, 명찰용 클리어포켓, 지하철맵, 주소록 등도 붙어 있어 무척 편리했지만, 커버 가죽이 닳아서 사람들 앞에서는 열지 못할 정도로 많이 사용했기 때문에 바꾸기로 했습니다. 그 뒤에는 무역회사에 근무하는 친구가 준 다이어리, TV 방송국에서 받은 데스크 카렌다, 평범한 스프링노트 등 여러 종류의 다이어리를 써 보았습니다. 최근에 마음에 드는 것은 선명한 색상의 커버로 된 위클리 타입입니다. 예정을 쓰는 칸의 크기가 적당하고, 들고 다니기에 무겁지 않아 좋습니다. 매년 색을 고르는 것도 즐겁습니다. 내년에는 어떤 다이어리를 쓸지 벌써 고민이 됩니다.

공개 합니다!

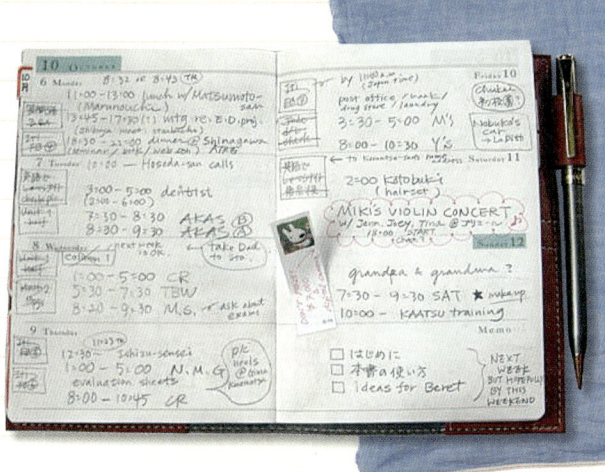

(글씨가 예쁘지 않아 부끄럽습니다만)이것은 어떤 한 주의 제 일정입니다. 일정이 바뀌는 경우도 많기 때문에 지우고 다시 쓸 수 있도록 연필로 쓰고 있습니다.

시간이나 장소가 정해져 있는 일정은 중앙에 크게, 마감이 있는 것은 왼쪽 끝에, 기억해야 할 내용은 오른쪽 끝, 이렇게 세 개로 구역을 나눠 쓰고 있습니다.

중앙에 쓰는 것은 영어회화 수업이나 편집자와의 회의, 강연회나 세미나 등의 이벤트입니다. 왼쪽은 출판관계의 항목이 대부분이고, 원고나 교정쇄를 편집자에게 보냈으면 선을 그어 지웁니다. 오른쪽에는 「아버지를 역까지 모셔다드리기」「(수선 맡긴)구두 찾으러 가기」「초교가 올지도?」 등 기억해야 할 내용을 적습니다. 「○○씨 ~로 출장」「○○씨의 생일」 등 다른 사람의 일정이나 기념일을 적는 경우도 있습니다. 여러분들은 다이어리를 어떻게 사용하고 있나요?

Yearly type

1月	2月	3月	4月	5月	6月
1	1	1	1	1	1
2 H.S. reunion	2	2	2	2 ↑ 🏠 Parents' home	2
3	3	3	3	3	3
4	4	4	4	4	4
5 my B.D ★	5	5	5	5 ↓	5 ↑ international fair ↓
6 1st work Day	6	6	6	6	6
7	7	7	7	7	7
8 ✏️	8	8 MOM	8 TAEKO	8	8 DAD
9	9	9 BEN	9	9	9
10	10 DEANNA	10	10	10	10
11	11	11	11 Harada-san	11	11
12	12	12	12	12	12 🛍️ ↑ company trip ↓
13 MIKE	13	13	13	13	13
14	14	14 MASAKO	14	14	14
15	15	15	15	15	15
16	16	16	16	16 DAVID	16
17	17	17	17	17 5th anniv.	17
18	18	18	18	18	18
19 ATSUSHI	19	19	19	19	19 SHINICHI
20	20 IKUMI EDC	20 AKIKO	20	20	20
21	21	21	21 ✈️	21	21
22	22	22 RYO to U.S.A	22	22 HITOSHI	22
23	23	23	23 KIYOMI	23	23
24	24	24	24	24	24
25	25 LISA	25	25 ERIKO	25	25
26	26	26	26	26	26
27 ♡	27	27	27	27	27 ✨ Aya's wedding ✨
28 YUKIKO	28	28	28	28	28
29 EDC	29	29 ALEX	29	29	29
30		30	30 GRANDMA	30	30
31		31		31	

TIPS 연간 예정이 한 눈에 알 수 있는 yearly type. 여기서는 친구의 생일이나 이미 날짜가 정해진 일정을 적는 것이 좋습니다. 칸이 작기 때문에 생일은 이름만 적고, 긴 것은 약자로 적는 것도 good. 예를 들자면, 1월 2일의 H.S. reunion은 high school reunion(고교동창회)을, 1월 5일의 my B.D는 my birthday(내 생일)를, 1월 28일이나 2월 20일의 EDC는 출산예정일을 나타내는 expected date of confinement의 약자입니다. EDC대신 EDD(= expected date of

7月		8月		9月		10月		11月		12月	
1		1	YUKIKO	1		1	MINORI	1		1	
2		2		2		2		2		2	
3		3		3		3		3		3	
4		4		4		4		4		4	
5		5		5		5		5		5	
6		6		6		6	Xiao-wang	6		6	
7		7		7		7		7		7	
8		8		8	Peggy comes	8		8		8	SUSU
9		9		9		9		9		9	
10	SAKURABA-SAN	10		10		10		10		10	
11		11		11		11		11	SATOSHI	11	
12		12		12		12		12		12	
13	AKINA	13		13		13		13	YUKO	13	
14		14		14		14		14		14	
15		15		15		15		15		15	
16		16	KANAE	16		16	exhibition	16		16	SATOMI
17		17	HIDEYUKI	17		17		17		17	
18		18		18		18		18		18	
19		19	AYU	19		19		19		19	MIYU
20		20		20	Peggy returns	20		20		20	
21		21		21		21		21		21	
22		22	KAYOKO	22	TOMOMI	22		22		22	
23	WATAHIKI-SAN	23		23		23		23		23	
24		24		24		24		24	MIWAKO	24	Last Work Day
25		25		25		25		25		25	
26		26		26		26		26		26	
27		27		27		27		27		27	NEW YEAR'S HOLIDAYS
28		28	NOBUKO	28		28		28		28	
29		29		29		29		29		29	
30		30		30		30		30		30	
31		31				31				31	

delivery)라고 적어도 OK. 또, Yukiko is due January 28.(유키코의 출산예정일은 1월 28일)처럼 표현하는 것도 있기 때문에, Yukiko – due나 Yukiko – baby? 등 자기가 알아볼 수 있으면 어떻게 적어도 좋습니다. 또, 1st Work Day는「업무시작」, Last Work Day는「업무종료」, parents' home은「귀성」, company trip은「사원여행」, 5th anniv.는 5th anniversary의 줄임말로「5주년」을 뜻합니다.

Monthly type

4월

月	火	水
		1
6	7 gym	8 lunch w/ Yoshida-kachō
13	14 gym	15
20 Rei's birthday ✉ send e-mail	21 gym @	22
27 dinner w/ Fumi-chan	28 gym	29 Showa Day Disney land w/ Miki

TIPS 한 달의 예정이 한 눈에 파악되는 monthly type.「매주 화요일은 헬스클럽」「17 일은 신입사원 환영회」등 이미 알고 있는 사항은 월초에 적어놓고, 일과 개인생활은 색을 다르게 해두면 좋습니다. 쓸 공간이 여유있는 monthly type 에는 정확하게 스펠링을 적는 것도 좋지만, with (~ 와)나 at (~ 에서)등은 w / 나 @ 등으로 간략하게 써도 좋습니다. 또, 25 일 shop-

木	金	土	日
2 facial treatment	3	4	5 Hanami w/ Yoshiki
9 nail salon	10	11 Hanami w/ co-workers	12
16 facial treatment	17 welcome party for new employees	18	19 chat w/ Tae-chan @second cup
23 movie w/ Yoshiki	24	25 Shopping purple heels B.D. present for Yuki	26 Marie-grooming
30	♥ clean my room ♥ pick out an onsen ♥ book Shinkansen seats (4/30? 5/2? & 5/5)		

ping 과 같이 살 것이나 갖고 싶은 것을 항목별로 적어두면 잊을 염려가 없습니다. 덧붙여 목요일의 facial treatment 는 「얼굴 마사지」, nail salon 은 「네일 숍(손톱관리)」, 19 일의 chat 은 「수다」, 26 일은 「애견 메리 털관리」를 뜻합니다. 5 일과 11 일의 Hanami (はなみ : 꽃놀이)처럼 로마자로 쓰는 것도 OK 입니다.

3 Monday	14:00 visit S&I Company Takahashi-san 080-3333-5555 ※ make dinner reserv. for 5th
4 Tuesday	6:45 - 7:45 English Conversation <u>dictionary</u>
5 Wednesday	Bucho - day off 7:30 dinner w/ Nao (Kagurazaka)
6 Thursday	12:00 - Work outside (go straight home) ※ withdraw ¥20,000
7 Friday	9:30 - 11:30 regular meeting Super Sento (TGIF! ☺)
8 Saturday	(12:28 train) 1:30 - 4:30 time management seminar @ Nakata Bldg. #205
9 Sunday	prepare for presentation (buy laser pointer)

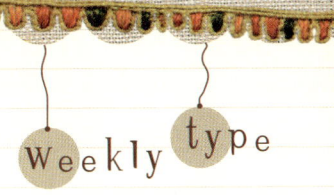

TIPS 1 주일의 예정을 구체적으로 파악할 수 있는 weekly type. 주간일정은 시간이나 장소가 정해져 있는 경우가 많습니다. 시작하는 시간, 실시시간을 적거나 8 일의 time management seminar （시간 관리 세미나）처럼 빌딩이름이나 방 번호까지 적거나 3 일의「S&I 회사방문」처럼 담당자의 연락처도 적어두면 필요할 때 바로 볼 수 있어 안심할 수 있습니다.

여기서는「~방문」을 visit ~로 쓰지만, visit 를 생략하고「14:00 S&I Company」만으로도 14 시에 S&I 사를 방문하는 것을 알 수 있습니다. 자기가 알아볼 수 있으면 되기 때문에 한 글자 한 글자를 영어로 옮기려고 하지 않아도 됩니다.

또, 잊지 않기 위해 3 일(5 일의 저녁식사 예약), 6 일(2 만엔 출금) 과 같이 해야 하는 일은 ※표시로 써 두고, 9 일(레이저 포인터 사기) 와 같이 말풍선을 쓰거나 색연필로 눈에 띄게 표시해두면 좋습니다.

7 일(스파목욕탕) TGIF! (신나는 금요일！)처럼 기분을 나타내는 표현을 함께 적는 것도 좋습니다.

4 일의 English conversation 은「영어회화(아침수업)」, 6 일의 work outside 는「외근」, go straight home 은「현장퇴근」, 7 일의 regular meeting 은「정례회의」, 9 일의 prepare for presentation 은「프레젠테이션 준비」를 뜻합니다.

Daily type

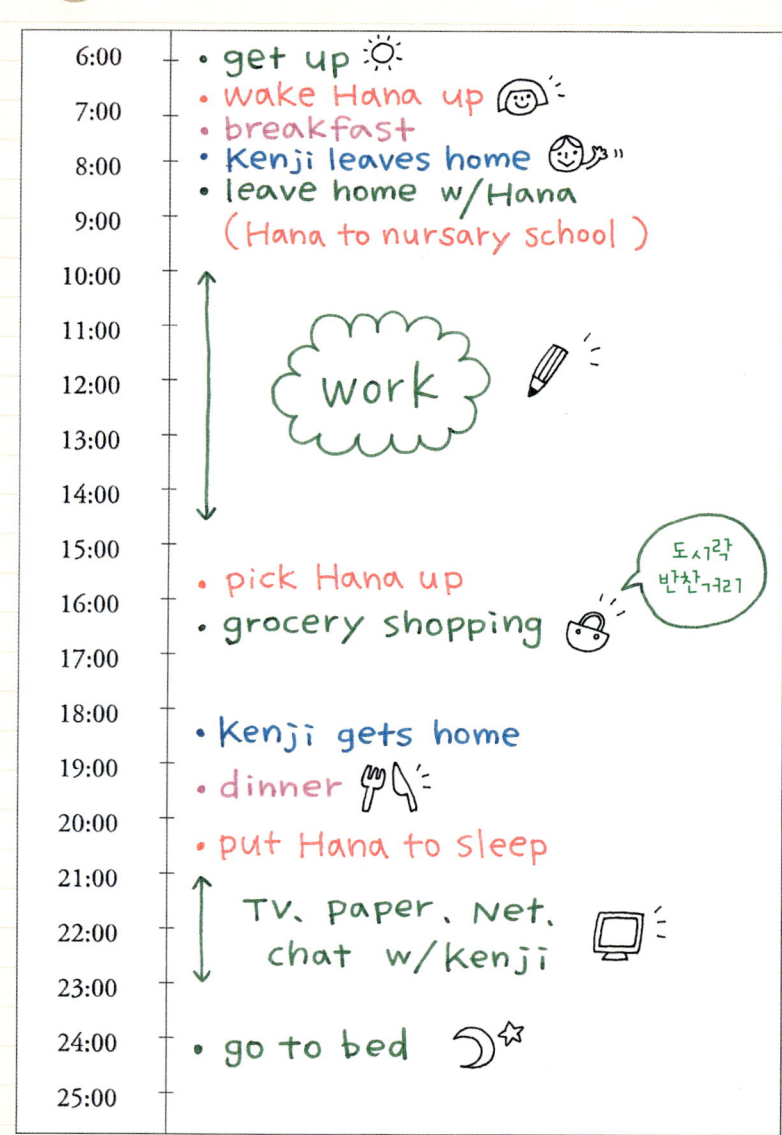

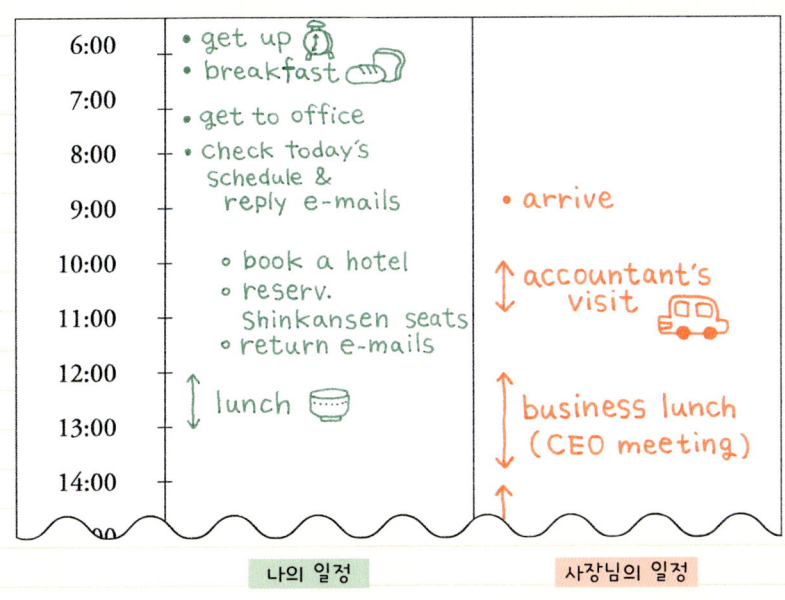

나의 일정 　　　　　 사장님의 일정

TIPS Daily type 은 하루 일정을 세세하게 적고 싶은 사람에게 추천합니다. 시간별로 다양한 일정을 갖고 있는 사람이나, 다른 사람의 스케줄도 적고 싶은 사람에게 편리합니다. 기상, 취침시간, 집을 나온 시간이나 텔레비전을 본 시간 등도 구체적으로 기록함으로써, 시간 관리를 하기 쉬운 것도 특징 중 하나라고 할 수 있습니다.
왼쪽 처럼 가족(Kenji – 남편, Hana – 딸)의 일정도 써 놓으면 가족전체의 하루의 흐름을 파악하기 쉽습니다. 비서직을 맡고 있는 사람은 위의 다이어리처럼 세로로 선을 그어 왼쪽에는 자신의 일정을, 오른쪽에는 사장님의 일정을 기입하는 것도 한 가지 방법입니다. 이렇게 하면 일정이 눈에 쉽게 들어오므로 스케줄을 정확하게 관리할 수 있습니다. 또 왼쪽의 일정처럼 오른쪽에는 TO DO LIST(해야 할 일)를 적는 것도 좋습니다. 자기의 생활에 맞춰서 효율적으로 나눠보세요.
덧붙여, wake Hana up 은 「하나 깨우기」, leave home 은 「집을 나섬」, Hana to nursery school 은 「하나를 어린이집에」, pick Hana up 은 「하나 데리러 가기」, put Hana to sleep 은 「하나 재우기」, book a hotel 은 「호텔 예약」, reserv. Shinkansen seats 는 「신칸센(특급열차) 예약」, return e-mails 는 「답메일 보내기」, accountant's visit 은 「회계사 방문」을 뜻합니다.

최근에는 예정을 쓰는 것 뿐만 아니라, 테마별로 다이어리가 있는 것을 알고 계십니까? 이런 것들은 목적을 달성하거나, 동기를 지속하거나, 기록으로 남겨두고 싶은 사람들에게 애용되고 있습니다. 자신의 흥미나 필요에 따라 테마 다이어리를 써 보는 것도 좋습니다.

다이어트 다이어리

아침, 점심, 저녁에 먹은 것과 그 칼로리, 체중을 적는 칸이 있습니다. 식품영양표나 칼로리 소비량 표 등이 실려 있는 것도 많아 다이어리로 건강관리가 되는 것이 good!

스터디 다이어리

시험과 과목별로 구체적으로 계획하고 결과에 대해 반성할 점과 그래프를 그릴 수도 있습니다. 참고 서적 목록, 문화 활동, D-day 프로젝트, 위시 리스트 등 공부 의욕을 불러 일으키는 정보로 가득합니다.

여행 다이어리

준비물 목록, 여행 경비 예산 짜기, 한눈에 보는 일정과 같은 여행 준비에서부터 여행루트, 지출정리, 일기 등 여행 중에 기록할 수 있는 칸 등이 있습니다. 알찬 여행을 도와주는 도우미 역할을 톡톡히 한답니다.

육아 다이어리

수유시간, 수면시간, 응가를 한 시간 등을 간단하게 적는 다이어리입니다. 시간별로 옆에 그려져 있는 젖병이나 응가의 그림에 색을 칠하면 되므로 쉽게 기록할 수 있습니다. 목을 가눈 시기나 걸음마를 한 시기 등을 기록해서 아기의 성장을 남겨둡시다.

이외에도 다양한 테마 다이어리가 있습니다. 다이어리 코너나 인터넷에서 찾아 보세요.

노트란의 활용법

많은 다이어리에는 노트란(자유롭게 쓰는 페이지) 이 있습니다. 다이어리를 애용하는 여러분들에게 그 활용법을 물어보니 재미있는 아이디어가 많았습니다. 내용은 다양했지만 주로 '한 일을 기록해 둔다', (적어 놓지 않으면 금세 잊어버리는 것을) '잊지 않기 위해서 써 둔다', 등이 공통적으로 나왔습니다.

다이어리 애용자 여러분들이 가르쳐 준 노트란 활용 아이디어를 소개합니다.

메모장

생각난 아이디어 (신제품 디자인, 기획안, 태어날 아기의 이름 후보 등)를 써 두는 편이에요. 잡지에서 본 간단한 레시피를 베껴 적을 때도 있습니다.

지도

거래처나 마음에 드는 가게를 발견했을 때는 지도를 그려 둡니다. 지하철을 갈아타는 곳 등을 표시해두면 다음에 갈 때는 다시 찾거나 헤매지 않아도 되니까요.

TO DO LIST

그날, 또는 그 주에 해야 하는 일은 데일리나 위클리 페이지에 쓰고 있지만, 특별히 급하지 않은 것(대청소, 사진 정리, 양복 사이즈 다시 재기 등)은 노트에 쓰고 있어요.

장기적인 계획

나이와 그 나이에 달성하고 싶은 구체적인 목표를 적고 꿈과 현실을 향해 장기적인 계획을 세우는 데 이용하고 있습니다. 목표가 막연해도 장래의 이상적인 자신의 모습을 이미지화 해보면 무엇을 하면 좋을지 구체적으로 보입니다.

매너

거래처에서 실수하지 않도록 비즈니스매너나 식사매너, 택시 안에서의 좌석우선순 등 중요한 것을 적어 놓고, 사람과 만나기 전에 한번 훑어보면 도움이 됩니다.

건강을 위해

저는 단 것과 술을 좋아하기 때문에 도가 지나치는 경우도 많기 때문에 먹고 마신 것과 양을 기록하고 있어요. 지나치게 먹고 마신 경우에는 반성하고 다음부터 주의하도록 노력하고 있어요.

원하는 내 모습

자신의 생활이나 일에 대한 태도를 되돌아보고 개선점은 무엇인지, 어떤 사람이 되고 싶은지를 쓰고 있습니다. 이렇게 가끔 재점검함으로써 자기향상을 위한 노력을 게을리 하지 않고 있습니다.

사진

아기의 표정이나 직접 만든 도시락을 찍어 스티커 인쇄를 해서 붙여 놓습니다. 아기는 나날이 얼굴이 바뀌기 때문에 변화를 보는 것이 즐겁습니다. 여행지에서 찍은 보기드문 음식 사진도 붙여 놓습니다.

덧붙여 저는 「받은 선물」, 「선물 한 것」, 「읽은 책이나 본 영화의 제목」, 「출판한 책이나 관련된 잡지, 기사나 저작이 소개된 신문이나 정보지」등을 항목별로 쓰고 있습니다. 또 좋아하는 포르쉐 사진을 오려 붙이거나 동경하는 할리우드스타의 사진을 끼워놓고 가끔 바라보는 마음의 비타민을 보충합니다.

여러분들도 좋아하는 것이나 소중한 것을 많이 적어두고 항상 들고 다니고 싶은 다이어리를 만들어보세요.

차례

머리말	3
제 다이어리를 공개합니다!	6
Yearly type	8
Monthly type	10
Weekly type	12
Daily type	14
골라 쓰는 테마별 다이어리	16
이 책의 사용법	26
이 책의 영어표기에 대한 양해	27

간단한 메모부터 시작해보자! 29

포스트잇에 적기	30
월, 요일	31
국경일, 명절	32
연중행사	33
기억해둬야 하는 날	34
동네 행사	36
날씨	37
가족, 친척	38
사람	40

직위, 직함	42
세계의 나라	44
세계의 도시	47
예정과 행사	50
꼭 해야할 일	53
업무 사항	55
일상 메모	57
이사	60
세일	62
예약	63
개인생활	64
배우기	66
파티	68
건물	70
가게	72
회사	74
교과	75
학생의 메모	77
시험	80
꽃	81
화단	83
채소	84
다양한 식재료	86
조미료	89

일용품	90
부엌용품	92
전기용품	95
아기용품	97
의류	98
악세사리	100
화장품	102
문구	103
악기	105
탈것	107
동물	108
방에 있는 물건	113
색깔	115
무늬	116
장소와 시간을 나타내는 전치사	117

딱 한줄만 써보자! 119

PART 1 단어만 골라 넣으면 돼!	120
내가 간 장소	120
여가활동	121
산 것	122

우연히 만난 사람   123
준 것   124
받은 것   125
먹은 것, 마신 것   126
만든 것   127
해야할 일을 잊은 경우   128
잃어버린 것, 찾은 것   129
해야 하는 것   130
하고 싶은 것   131
내 의사와 달리 해버린 것   132

PART 2 내가 쓰고 싶은 것만 쓰자!   134

수면, 기상   134
통근, 통학   136
본 것, 들은 것, 읽은 것   137
집안일   138
정원일   139
컨디션, 몸상태   140
다이어트, 건강   142
기쁜 일   144
안타까운 일   146
우정, 연애   148
휴일, 여가시간에 한 일   150
생리   153

PART 3 내 기분을 쓰자!	154
일반적인 감상	154
기쁨, 흥분	156
슬픔, 괴로움	158
분노, 화	160
놀람	162
불안	163
안심	164
후회	165
음식에 대한 감상	166
산 물건에 대한 감상	167
스포츠, 이벤트 등에 대한 감상	168
책, 영화 등에 대한 감상	169
사람의 겉모습에 대한 감상	170
사람의 성격에 대한 감상	172
내게 하는 칭찬, 격려	174

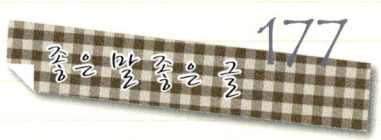
좋은 말 좋은 글   177

인생	178
성공	180
마음이 가벼워지는 말	182

격려	184
어드바이스	186
속담, 신조	188

나만의 프로필 191

올해의 포부는?	192
지금 내가 집중하고 있는 것은?	194
존경하는 사람은?	196
꿈은?	198
자신에 대해 좋아하는 점은?	200
자신의 성격 중 바꾸고 싶은 점은?	202
어떤 때 행복해?	204
가장 소중한 것은?	206
매일 하고 있는 것은?	208
10년 후의 나는?	210

내가 직접 만들어 보는 영어 다이어리   213
MY FIRST ENGLISH DIARY

이 책은 영어로 다이어리를 쓸 때 도움이 되는 표현을 주요 내용으로 다음과 같이 구성되어 있습니다.

- 간단한 메모부터 시작해보자!
- 딱 한 줄만 써보자!
- 좋은 말 좋은 글
- 나만의 프로필
- 내가 직접 만들어보는 영어 다이어리!

앞부분에는 영어로 일정을 적은 4개의 샘플이 소개되어 있습니다. 일정을 쓸 때의 방법과 빈 공간 활용법도 설명되어 있으므로, 나만의 다이어리를 만들 때 참고해 보세요.
간단한 메모부터 시작해보자! 에는 다이어리에 쓸 수 있는 다양한 어구가 항목별로 소개되어 있습니다. 각 항목 위에 있는 예를 참고해서 영어로 일정을 써 보세요.
일정을 쓰는 것이 익숙해 졌다면, 딱 한 줄만 써보자! 에 도전해 보세요. 그 날에 생긴 일이나 감상을 Part 1,2,3 에서 찾아 다이어리의 빈 공간을 메워보세요.
나만의 프로필에는 「꿈」이나 「존경하는 사람」등 자기에게 물어보는 10개의 질문이 준비되어 있습니다. 시간이 지나면 잊어버리기 쉬운 "오늘의 나"를 적어 두기에 편리합니다. 또, "좋은 말 좋은 글"은 다이어리나 카드에 적을 때 참고해 보세요.
내가 직접 만들어보는 영어 다이어리는 12개월 분의 월별 다이어리로 구성되어 있습니다. 책에서 필요한 내용을 찾아 바로 써 보세요. 문법에 신경쓰지 말고 하루에 몇 번 이고 펼쳐보고 메모하며 나만의 첫 영어 다이어리를 꾸며 보세요.

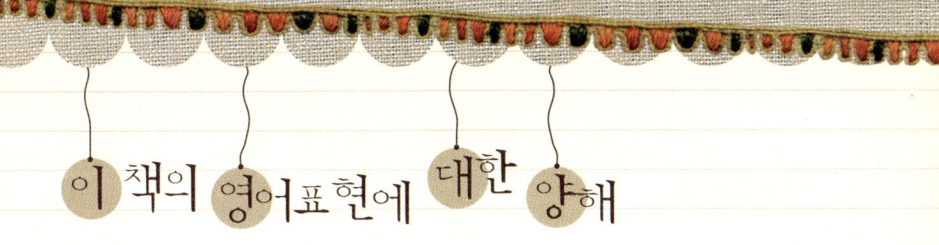

이 책의 영어표현에 대한 양해

이 책은 「다이어리」라고 하는 도구를 사용해서 매일 자연스럽게 영어에 접해 영어에 친숙해지는 것을 가장 큰 목표로 하고 있습니다. 또 한정된 공간에서 간단한 표현으로 적는 경우가 많은 점을 고려하여, 없어도 알 수 있는 말이나 문말의 마침표를 생략하고 본래 대문자로 써야하는 문두를 소문자로 쓰는 등 간단하게 표기하고 있습니다. 그러므로 문법적으로 완벽하지 않은 표현도 있지만 공간을 고려한 표기라는 점을 양해해 주시기 바랍니다.

- 간단한 메모부터 시작해보자! 에서는 a(n) 이나 the 등의 관사가 생략되어 있습니다.
  (예)「의제를 작성하다」는 make an agenda 나 make the agenda 등으로 표기되어야 하지만 make agenda 라고 표기되어 있습니다.
- 딱 한 줄만 써보자! 에서는 자신에 관한 사항은 주어가 없어도 이해된다는 이유에서, 주어 I (문장에 따라서는 I 와 be 동사) 가 생략되어 있습니다. 조금이라도 빨리 쓸 수 있도록 문두도 소문자로 쓰고, 마침표를 생략한 표현이 많습니다.
- 좋은 날 좋은 글과 나만의 프로필에는 여유가 있는 노트나 카드 등에 쓸 것을 가정하고 올바른 문법 표기를 하였습니다.

이 책에서는 가능한 표현이 여러 개 있는 경우에도 그 중 한 예만 소개하고 있습니다. 예를 들어, 「~ 씨 방문」은 「~s' visit」로 되어 있지만, 「~s' coming」도 가능합니다. 방문하는 사람의 이름만 써도 좋습니다. 「2 시에」라고 쓰는 경우도 「at 2:00」 「@2:00」 「2:00」 등 사람에 따라 쓰는 방법은 다양합니다. 이 책에서 소개한 것은 어디까지나 참고적인 예에 지나지 않습니다. 이것을 절대적인 것으로 생각하지 마시고 취향에 따라 쓰시기 바랍니다.

간단한 메모부터 시작해보자!

여기서는 다이어리에 영어로 쓸 때 편리한
단어를 소개합니다.
각 항목의 위에 있는 예를 참고하면서
일정을 영어로 써 보세요.
모르는 것은 우리말 그대로 써도 OK 입니다.
긴 단어는 자기만의 약자로 쓰거나
색연필로 컬러풀하게
나만의 다이어리를 만들어 보세요.

※ 표기에 대해서는 「이 책의 영어표현에 대한 양해」
(p.27)를 봐 주세요.

포스트잇에 적기

반드시 할 것	MUST		
제일 급한 일	as soon as possible	A. S. A. P.	
꼭 확인	check		
꼭 재확인	double-check	d / c	
중요해!	important		
끝나지 않았음	undone		
마쳤음	done	taken care of	t. c. o.
잠정적임	tentative	tent	
잊지마!	Don't forget!	Ⓓ forget	
답변기다림	waiting for answer	waiting	w. f. a.
변경 가능성 있음	subject to change	subto	s. t. c.

tip 아직 결정되지 않은 사항은 다이어리에 쓸지 말지 망설이게 되죠? 그럴 때는 포스트잇에 적어서 붙여두면 좋아요. 포스트잇이라면 결정된 후에 다이어리에 적고 뗄 수 있으니까요. 또 중요한 메시지를 써두면 기억하기에도 편리합니다.

월, 요일

월		
	1월	January (Jan.)
	2월	February (Feb.)
	3월	March (Mar.)
	4월	April (Apr.)
	5월	May
	6월	June
	7월	July
	8월	August (Aug.)
	9월	September (Sep. / Sept.)
	10월	October (Oct.)
	11월	November (Nov.)
	12월	December (Dec.)

요일		
	월요일	Monday (Mon.)
	화요일	Tuesday (Tue. / Tues.)
	수요일	Wednesday (Wed.)
	목요일	Thursday (Thu. / Thurs.)
	금요일	Friday (Fri.)
	토요일	Saturday (Sat.)
	일요일	Sunday (Sun.)

TiP
월이나 요일 칸이 비어있어 직접 쓸 경우에 참고해 주세요.
※ ( )안은 그 달이나 요일의 단축형을 나타냅니다. 5월은 단축형이 없습니다. 6~7월은 축약형을 쓰지 않는 것이 일반적입니다.

국경일, 명절

5 WED | Children's Day

1월 1일	신정	New Year's Day
1월 1일(음력)	설날	Lunar New Year's Day
3월 1일	3.1절	Samiljeol, Independence Movement Day
4월 8일(음력)	석가탄신일	Buddha's Birthday
5월 5일	어린이날	Children's Day
6월 6일	현충일	Memorial Day
7월 17일	제헌절	Constitution Day
8월 15일	광복절	National Liberation Day
8월 15일(음력)	추석	Chuseok, Korean Thanksgiving Day
10월 3일	개천절	the National Foundation Day
10월 9일	한글날	Hangul Proclamation Day
12월 25일	크리스마스	Christmas
대체 휴일		Substitute Holiday

연중행사

31 SUN — New Year's Eve
Family dinner@restaurant

1 월 15 일 (음력)	정월대보름	the day of the first full moon of the lunar year
2 월 14 일	발렌타인데이	(St.) Valentine's Day
3 월 14 일	화이트데이	White Day
3~5 월	꽃놀이	cherry blossom viewing
4 월 5 일	식목일	Arbor Day
5 월 5 일 (음력)	단오	Dano
5 월 8 일	어버이날	Parents' Day
5 월 15 일	스승의날	Teacher's Day
9 월	달맞이	moon viewing
10 월	단풍놀이	excursion for viewing autum leaves
10 월 31 일	할로윈	Halloween
12 월 24 일	크리스마스 이브	Christmas Eve
12 월 31 일	섣달 그믐날	New Year's Eve

간단 메모
한 줄 일기
좋은 말 좋은 글
나만의 프로필

간단한 메모부터 시작해보자!

기억해둬야 하는 날

2 MON | 13:30-16:00(?) planning mtg   ★ Sue's birthday send her b/d card

결혼기념일	wedding anniversary
결혼~ 주년	~th wedding anniversary (~ 는 1st, 2nd, 5th, 10th 등의 순서)
~의 생일	~'s birthday
~의 결혼식	~'s wedding
창립기념일	anniversary of founding
창립~ 주년	~th anniversary of founding
개점기념일	anniversary of opening
개점~ 주년	~th anniversary of opening
~의 기일	anniversary of ~'s death
…의 ~번째 기일	~th anniversary of …'s death
입학식	entrance ceremony
개학식	opening ceremony
종업식	closing ceremony
졸업식	graduation ceremony
입사식	company's entrance ceremony
월급 받는 날	payday
보너스	bonus
포인트 두 배 주는 날	double point day

선거투표일	election day
차 수리	car inspection
운전면허증 기한만료일	driver's license expires
여권 기한만료일	passport expires
~ 의 발매일	release date for ~
확정신고 기한일	final income tax return due
응모 시작일	opening date for application
응모 마감일	closing date for application
~ 의 내한	~'s arrival in Korea
~ 의 귀국	~'s flight back
~ 의 배달예정일	delivery of ~
~ 의 출산예정일	~'s expected date of delivery

동네 행사

5 SAT — flea market / bicycle

대청소 하는 날	cleaning day
바자회	bazaar
벼룩시장	flea market
마을운동회	town field day
불꽃놀이	fireworks show
장 서는 날	the day of a fair is held
마라톤 대회	marathon
반상회	neighborhood meeting
축제	festival
방범 순찰	anti-crime patrol
보이 스카우트	boy scouts
걸 스카우트	girl scouts
분리수거	separate garbage collection
음식물 쓰레기	food waste
가연성 쓰레기	combustibles
불가연성 쓰레기	noncombustibles
재활용 쓰레기	recyclable waste
대형 쓰레기	oversize trash

날씨

22 THU	return DVDs	COLD
23 FRI		SNOWY
24 SAT	11:30 lunch w/ Mi-jin @cafeteria	-1°C Brrr...

간단 메모
한 줄 일기
좋은 말 좋은 글
나만의 프로필

맑은	sunny	건조한	dry
쾌청한	beautiful	따뜻한	warm
흐린	cloudy	시원한	cool
비 오는	rainy	추운	cold
소나기	shower	쌀쌀한	chilly
폭우	downpour	너무 추운	freezing cold
뇌우	thunderstorm	바람이 많이 부는	windy
벼락	thunderbolt	산들바람 부는	breezy
눈 오는	snowy	태풍	typhoon
진눈깨비가 오는	sleety	회오리바람	tornado
더운	hot	눈사태	avalanche
푹푹 찌는	boiling hot	산사태	landslide
후텁지근한	muggy	우박	hail
습한	humid	지진	earthguake

가족, 친척

3 SUN — (afternoon) visit aunt in Central Hospital — take fruit

아버지	father / dad
어머니	mother / mom
형제	brother
자매	sister
남편	husband
아내	wife
아들	son
딸	daughter
자식	child (복수형은 children)
할아버지	grandfather / grandpa
할머니	grandmother / grandma
손자	grandson
손녀	granddaughter
친척	relative
사촌	cousin
삼촌	uncle
숙모	aunt
조카	nephew
조카딸	niece

시아버지, 장인	father-in-law
시어머니, 장모	mother-in-law
결혼관계로 맺어진 형제	brother-in-law (시아주버니, 시동생, 처남, 매부, 자형, 동서)
결혼관계로 맺어진 자매	sister-in-law (형수, 계수, 시누이, 올케, 처제, 처형, 동서)
사위	son-in-law
며느리	daughter-in-law

사람

15 FRI — 19:00 meet minhee & her fiance

친구	friend
가장 친한 친구	best friend
벗, 친한 친구	good friend
지인	acquaintance
이웃	neighbor
선생님	teacher
학생	student
학급 친구	classmate
팀 동료	teammate
선배	senior
후배	junior
상사	boss
부하	subordinate / my worker
동료	co-worker
직장 동료	business associate
남자친구	boyfriend
여자친구	girlfriend
약혼자(남)	fiancé
약혼녀	fiancée

전 남편	ex-husband
전 부인	ex-wife
전 남자친구	ex-boyfriend
전 여자친구	ex-girlfriend
모르는 사람	stranger

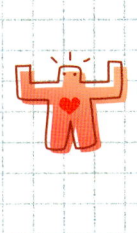

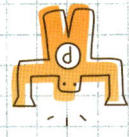

직위, 직함

1 WED — talk w/ lawyer (re: copyright)

회장	chairperson
사장	president
부사장	vice-president
최고경영책임자	CEO (chief executive officer)
부장	department manager
과장	section manager
비서	secretary
정치가	politician
변호사	lawyer / attorney
법무사	judicial scrivener
사서	librarian
작가	writer
만화가	cartoonist
일러스트레이터	illustrator
의사	doctor
치과의사	dentist
간호사	nurse
수의사	vet / veterinarian
경찰관	police officer

형사	detective
경비원	security guard
은행원	bank clerk / teller
교사	teacher
교수	professor
건축가	architect
목수	carpenter
소방관	fire fighter
통역사	interpreter
사진가	photographer
배관공	plumber
파일럿	pilot
비행기 승무원	flight attendant
장의사	funeral director
제빵사	baker
파티쉐	patisserie
미용사	hairstylist / hairdresser
이발사	barber
약사	pharmacist
회사원	office worker

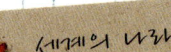
세계의 나라

7 FRI — 8:55 a.m. (dept)

8 SAT — Korea

9 SUN — 20:48 China

Ⓓ forget
- passport
- money
- digital camera
- e-ticket resv.

미국	America
캐나다	Canada
멕시코	Mexico
페루	Peru
브라질	Brazil
칠레	Chile
아르헨티나	Argentina
우루과이	Uruguay
볼리비아	Bolivia
베네수엘라	Venezuela
쿠바	Cuba
프랑스	France
이탈리아	Italy
영국	(Great) Britain

아일랜드	Ireland
아이슬란드	Iceland
스페인	Spain
포르투갈	Portugal
폴란드	Poland
벨기에	Belgium
독일	Germany
오스트리아	Austria
스위스	Switzerland
노르웨이	Norway
스웨덴	Sweden
핀란드	Finland
덴마크	Denmark
터키	Turkey
체코공화국	the Czech Republic
루마니아	Rumania
불가리아	Bulgaria
그리스	Greece
모로코	Morocco
이집트	Egypt
사우디아라비아	Saudi Arabia
튀니지	Tunisia

에티오피아	Ethiopia
탄자니아	Tanzania
나이지리아	Nigeria
남아프리카공화국	South Africa
이란	Iran
이라크	Iraq
아프가니스탄	Afghanistan
파키스탄	Pakistan
네팔	Nepal
인도	India
태국	Thailand
필리핀	Philippines
인도네시아	Indonesia
말레이시아	Malaysia
싱가포르	Singapore
몽골	Mongolia
중국	China
한국	Korea
일본	Japan
러시아	Russia
호주	Australia
뉴질랜드	New Zealand

세계의 도시

13 TUE — *make dentist appt.* — -Mr.Lee in Bangkok

뉴욕	New York
로스 앤젤레스	Los Angeles
샌 프란시스코	San Francisco
시카고	Chicago
밴쿠버	Vancouver
토론토	Toronto
몬트리올	Montreal
멕시코 시티	Mexico City
카라카스	Caracas
상파울로	São Paulo
리우데자네이루	Rio de Janeiro
부에노스 아이레스	Buenos Aires
산티아고	Santiago
런던	London
파리	Paris
브뤼셀	Brussels
마드리드	Madrid
나폴리	Naples
로마	Rome

플로렌스	Florence
밀라노	Milan
아테네	Athens
뮌헨	Munich
앙카라	Ankara
비엔나	Vienna
스톡홀름	Stockholm
헬싱키	Helsinki
오슬로	Oslo
코펜하겐	Copenhagen
바르샤바	Warsaw
베를린	Berlin
프라하	Prague
이스탄불	Istanbul
테헤란	Teheran
카이로	Cairo
나이로비	Nairobi
아디스 아바바	Addis Ababa
요하네스버그	Johannesburg
바그다드	Baghdad
카불	Kabul
뉴 델리	New Delhi

방콕	Bangkok
쿠알라룸푸르	Kuala Lumpur
자카르타	Jakarta
마닐라	Manila
카트만두	Kat(h)mandu
하노이	Hanoi
호치민	Ho Chi Minh City
양곤	Yangon
타이페이	Taipei
베이징	Beijing
상하이	Shanghai
서울	Seoul
평양	Pyongyang
도쿄	Tokyo
모스크바	Moscow
울란바토르	Ulan Bator
케언즈	Cairns
브리즈번	Brisbane
시드니	Sydney
멜버른	Melbourne
오클랜드	Auckland
웰링턴	Wellington

예정과 행사

5 THU
11:00 - 13:00
business lunch w/ Mr. shin
14:30 Ms. Lee's visit

회의	meeting / mtg. conference (공식적이고 규모가 큰) / conf.
부서 회의	department meeting / dept. mtg.
기획 회의	planning meeting / p-mtg.
편집 회의	editorial meeting / editors' meeting / e-mtg.
타이틀 회의	title meeting / t-mtg.
비즈니스 런치	business lunch
비즈니스 디너	business dinner
사업 얘기	business talk
기밀 얘기	confidential talk
아침 회의	morning meeting
오전 근무	early shift
오후 근무	late shift
야간 근무	night shift
심야 근무	graveyard shift
초과 근무	overtime / o/t
현지 퇴근	go straight home / go S/H
직행	go directly / go-d.
외근	visit ~ (방문지) / outside job

인사이동	internal transfer
차출	temporary transfer
출장	business trip / 행선지만이라도 OK
사원여행	company trip
건강진단	physical examination
주주총회	stockholders' meeting
승진시험	promotion test
~ 씨 방문	~'s visit / 방문자의 이름만써도 OK
프레젠테이션	presentation
면접	interview
급여지급일	payday
휴일	day off
한나절 휴무	half-day off
아침 휴무	morning off
오후 휴무	afternoon off
유급 휴가	vacation days
출산 휴가	maternity leave
육아 휴가	childcare leave
병가	sick leave
특별 휴가	compassionate leave 가족의 질병이나 사망 시 받는 휴가
신년회	New Year's party
송년회	year-end party

~ 의 환영회	~'s welcome party
~ 의 송별회	~'s going-away party
노동조합집회	labor union gathering
연수	training
재고조사	inventory taking
계약교섭	contract negotiation
술자리	drinking session
접대골프	golf with ~ (접대손님이름)
아르바이트	part-time job / p/t

꼭 해야할 일

21 WED
- ☑ fax map to Ms.Lee
- ☐ make agenda
- ☐ finish report
- ☐ e-mail Kim & Jang

~을 제출하다	submit ~
~을 보내다	send ~
~에게 메일을 보내다	e-mail ~
~을 메일로 보내다	e-mail ~
~에게 문자를 보내다	text ~
~을 우편으로 보내다	mail ~
~을 팩스로 보내다	fax ~
~을 마치다	finish ~
~에 애쓰다	work on ~
~을 다시 쓰다	rewrite ~
~에게 전화하다	call ~
~를 만나다	meet ~
~에게 알리다	let ~ know
~을 확인하다	confirm ~ / check ~
~을 예약하다	reserve ~
~을 취소하다	cancel ~
~을 연기하다	put off ~ / postpone ~
~을 마련하다	arrange ~
~을 준비하다	prepare (for) ~

~을 만들다	make ~
~을 발행하다	issue ~
~을 계획하다	plan ~
~을 수리하다	fix ~
~을 주문(발주) 하다	order ~
~에게... 에 대해 묻다	ask ~ about …

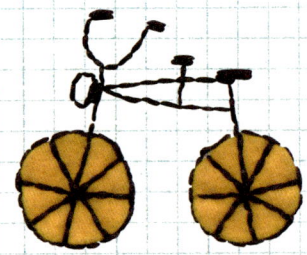

31 MON — SALES TARGET 30,000 *Yes, I can!*

마감	deadline
기획서	proposal
견적서	estimate
계약서	contract
품의서	approval document
보고서	report
중간보고	interim report
연차보고	annual report
결산보고	final accounts report
의제	agenda
고객만족서비스	customer service
생산비 교섭	cost negotiation
프레젠테이션	presentation
평가시트	evaluation sheet
시장조사	market research
소비자행동조사	consumer behavior research
시험적 사업	pilot project
히트상품	hit product
판매목적	sales goal / sales target

(~의)설계도	plans for (~)
(~의)신간	(~'s) new book
지진훈련	earthquake drill
주식시장	stock market
Y사와 기업합병	merger with Company Y
인원감축	downsizing

일상 메모

간단 메모
한 줄 일기
좋은 말 좋은 글
나만의 프로필

6 MON
go to work 1 hr. earlier
☐ buy red pen
☐ pick up suit

~을 사다	buy ~
~을 팔다	sell ~
~을 보상판매하다	trade in ~
~을 경매에 내놓다	put ~ up for auction
~을 지불하다	pay ~
~을 보내다	send ~
~을(유료로) 대출하다	rent ~
~을 (무료로) 빌리다	borrow ~
~을 빌려주다	lend ~
~을 반납하다	return ~
~을 가지고 가다	take ~
~을 가지고 오다	bring ~
~을 받아오다	get ~
~에게 전화하다	call ~
~에게 메일을 보내다	e-mail ~
~에게 문자메시지를 보내다	text ~
~에게 팩스를 보내다	fax ~
~에게 전보를 보내다	wire ~
~을 투고하다	mail ~

~을 복사하다	copy ~
~을 돕다	help 사람 / help with 물건
~을 (차에) 태우러 가다	pick ~ up
~을 도중에 내려주다	drop ~ off
~을 집까지 바래다주다	drive ~ home
~을 … 까지 데리고가다	take ~ to …
~에 들르다	stop by ~
~을 배웅하다	see ~ off
~을 가지러(데리러) 가다	pick ~ up
~을 읽다	read ~
~을 쓰다	write ~
~을 그리다	draw ~ (스케치) / paint ~ (물감으로)
~을 만들다	make ~
~을 수리하다	fix ~
~을 수리 맡기다	have ~ fixed
~을 기우다	sew ~
~을 계획하다	plan ~
~을 준비하다	prepare (for) ~
~에게 …을 건네다	hand 人 …
~에게 …을 주다	give 人 …
짐을 싸다	pack
짐을 풀다	unpack

~을 서류로 신청하다	apply for ~
~에 참가하다	take part in ~ (스포츠나 이벤트 등) / attend ~ (회합이나 의식 등)
~을 연습하다	practice ~
~을 확인하다	check ~ / confirm ~
~시에 (집 등을) 나오다	leave at ~
~시 전철(을 타다)	~ train
~에게 ...을 말하다	tell 人 about ...
~에게 ...에 대해 묻다	ask 人 about ...
~에게 ...하도록 부탁하다	ask 人 to ...
~에게 감사편지(를 쓰다)	(write) thank-you letter to ~

21 MON

call:
power company
gas company
waterworks dept.

change address

이삿짐센터에 연락하다	call mover
하우스 클리닝 업자에게 의뢰하다	call house cleaning
견적을 내다	get estimate
전입신고	moving-in notification
주소변경	change address
전학수속	change schools / transfer
이사한다고 알리다	send moved announcement
짐싸기	packing
불필요한 물건을 처분하다	clean house out
~ 에 전화하다	call ~
전력회사	power company
가스회사	gas company
수도국	waterworks department
집주인	landlord
부동산업자	realtor
신문판매(대리) 점	newsdealer
우유판매(대리) 점	dairy store
신용카드회사	credit card company

보험회사	insurance company
은행	bank
휴대전화회사	cell phone company
인터넷 제공업체	Internet provider

세일

17 FRI — clearance sale @ ABC STORE (till SUN. 19th)

세일	sale
빅 세일	blow out sale
점포정리 세일	going-out-of-business sale
재고정리 세일	clearance sale
마지막 할인 세일	final reduction sale
크리스마스 맞이 세일	pre-Christmas sale
프리 세일	presale ※상품의 본격적인 판매에 앞선 특별 세일
여름맞이 세일	summer sale
겨울맞이 세일	winter sale
신학기 세일	back-to-school sale
조조 세일	early bird sale
시간 한정 세일	time-limited sale
시즌 세일 (계절 지난 상품)	post season sale
반년에 1번 전매장 세일	storewide semiannual clearance sale
개점 1주년 세일	1st anniversary sale
25주년 세일	silver [25th] anniversary sale
50주년 세일	golden [50th] anniversary sale
차고 중고 세일	garage sale ※안 쓰는 가구나 자질구레한 도구 등을 자기집 차고에서 파는 것 (미국에서는 일반적)

예약

18 SAT 9 : 00 hair salon
(cut & perm)

간단 메모
한 줄 일기
좋은 말 좋은 글
나만의 프로필

미용실	hair salon
네일 숍	nail salon
마사지 숍	beauty treatment salon
얼굴 마사지 숍	facial treatment
속눈썹 파마	eyelash perm
아로마 테라피	aroma therapy
반사요법	reflexology
치과(의사)	dentist
안과(의사)	eye doctor
접골사	bonesetter
재활 치료	rehab
카운셀링	counseling
레스토랑	restaurant
호텔	hotel
노래방	karaoke
차량검사	car inspection
개인 트레이닝	personal training (yoga, health training 등 구체적으로 적는다)

간단한 메모부터 시작해보자!

개인생활

19 SUN — 2:00 @Yuna's (trip planning) — Ⓓ forget brochures

쇼핑	shopping
~ 여행	trip to ~
영화	movie
콘서트	concert
강연회	lecture
점심식사	lunch
저녁식사	dinner
카페	café
데이트	date
맞선	arranged date
~의 결혼식	~'s wedding
볼링	bowling
테니스	tennis
노래방	karaoke
마작	mahjong
드라이브	drive
자전거 타기	cycling / bike riding
모임	get-together
~ 와 놀다	hang out with ~

미술관	art museum
박물관	museum
수족관	aquarium
유원지	amusement park

배우기

6 THU | 7:30-9:00 salsa | Ⓓ forget monthly fee

영어회화	English (conversation)
중국어	Chinese (conversation)
일본어	Japanese (conversation)
(보습)학원	cram school / prep school
요리학원	cooking lesson
매너학원	manners lesson
서예	calligraphy
피아노	piano
바이올린	violin
기타	guitar
드럼	drum
재즈댄스	jazz dance
합창단	chorus
꽃꽂이	flower arranging
다도	tea ceremony
골프	golf
테니스	tennis
탁구	table tennis
수영	swimming

요가	yoga
필라테스	Pilates
다이어트 복싱	diet boxing
에어로빅	aerobics
훌라댄스	hula
살사댄스	salsa

파티

> pink & black dress
> black heels
>
> **20 SUN**
> 6:00 Christmas Party @ Hee-eun's
> present exchange (up to ₩30,000)

신년회	New Year's party
송년회	year-end party
동창회	school reunion
반창회	class reunion
~의 생일파티	~'s birthday party
~의 환영회	~'s welcome party
~의 송별회	~'s going-away party
~의 결혼식	~'s wedding
~의 결혼피로연	~'s wedding reception
~의 결혼식 2차	~'s after-wedding party
크리스마스 파티	Christmas party
깜짝 파티	surprise party (주역이 되는 사람에게는 비밀로 계획해서 당일 놀래키는)
할로윈 파티	Halloween party
집들이 파티	housewarming party
~의 은퇴기념 파티	~'s retirement party
바베큐 파티	BBQ / barbecue
디너 파티	dinner (party)
댄스 파티	dance

포트럭 파티　　　　potluck party
　　　　　　　　　(각자 조금씩 음식을 가져와서 나눠먹는 파티)

티파티　　　　　　tea party

베이비 샤워　　　　baby shower
　　　　　　　　　(출산을 가까이둔 여성에게 친구들이 아기 용품을 선물하는 축하 파티)

건물

11 WED — mtg w/ Mr.Kim
meet @Gangnam Station

보육원	preschool / nursery school
유치원	preschool / kindergarten
초등학교	elementary school
중학교	junior high school / middle school
고등학교	high school
단과대학	college
대학	university
도서관	library
병원	hospital
진료소	clinic
동물병원	animal hospital / vet (수의사)
어린이집	day-care center
(노인) 요양원	nursing home
전문 요양시설	skilled nursing facilities
(철도) 역	(train) station
절	temple
성당	Catholic church
교회	church
은행	bank

우체국	post office
경찰서	police station
소방서	fire station
공장	factory
변호사 사무소	lawyer's office
공공직업안정소	public employment security office

간단
메모

한 줄
일기

좋은 말
좋은 글

나만의
프로필

가게

30 TUE

drug store
☐ toilet p.   ☐ toothpaste
☐ sunscreen ☐ bleach

백화점	department store
슈퍼마켓	grocery store / supermarket
약국	drug store / pharmacy
서점	bookstore
신발가게	shoe store
꽃집	flower shop / florist's
문방구	stationery store
철물점	hardware shop
사진관	photo (developing) store
보석가게	jeweler's / jewelry shop
빵집	bakery
케이크가게	cake shop
세탁소	cleaner's
빨래방	laundromat
전기제품점	electric appliance store
스포츠용품점	sporting goods store
카페	coffee shop / café / tearoom
레스토랑	restaurant
여행대리점	travel agency

자동차판매대리점	car dealership
편의점	convenience store
주류 판매점	liquor store
전당포	pawn shop

회사

4 THU
market research
make questionnaires
← publisher
advertising agency

출판사	publishing company / publisher
신문사	newspaper company
광고대행사	advertising agency
여행사	travel agency
인쇄소	printing shop
무역회사	trading company
경비회사	securities company
보험회사	insurance company
건축회사	construction company
제약회사	pharmaceutical company
항공회사	airline company
운송회사	transportation company
디자인사무소	design office
부동산사무소	real estate agency
관련회사	affiliated company
자회사	subsidiary
모회사	parent company
하도급 업체	subcontracting company
합작 투자(사업)	joint venture

교과

19 FRI — 3rd period class change music → English

국어	Korean
고전 문학	Korean classics
한문	Chinese classics
영어	English
영어회화	oral communication in English
영문학	English literature
수학	math
대수	algebra
산수	arithmetic
과학	science
물리	physics
생물	biology
화학	chemistry
사회	social studies
지리	geography
역사	history
정치	politics
경제	economics
음악	music

체육	P.E. (physical education 의 줄임말)
보건체육	health and P.E.
미술	fine arts
가정	home economics
도덕	moral education
윤리	ethics

학생의 메모

간단 메모
한 줄 일기
좋은 말 좋은 글
나만의 프로필

20 SAT 8:00-11:00 club
(after club) ice cream with Yuna

부활동	club
시합	game / match (baseball, basketball 등 –ball 이 붙는 경기에는 game 을, 그 외의 경기에나 개인경기에는 match 를 주로 사용한다)
연습시합	practice game / practice match
대회	competition
결승	final
준결승	semifinals
준준결승	quarterfinals
대회, 경기	meeting
운동회	sports day / PE event day (PE 는 physical education(체육) 의 줄임말)
학교 축제	school festival
현장견학	field trip
공장견학	factory tour
소풍	school outing
수학여행	school trip
진로설명회	after-graduation plan meeting
입학식	entrance ceremony
개학식	opening ceremony

간단한 메모부터 시작해보자!

종업식	closing ceremony
졸업식	graduation ceremony
봄방학	spring break
여름방학	summer vacation
겨울방학	winter holidays
시험기간	exam week
한나절만 수업이 있는 날	half day
~ 시간째	~ period
숙제를 하다	do homework
숙제를 제출하다	hand in homework
시험공부를 하다	study for exams
~ 에게 노트를 빌리다	borrow ~'s notebook
~ 에게 노트를 빌려주다	lend ~ notebook
보강	supplementary class
(벌로)방과후에 남게 하기	detention
학교 급식 없음	no school lunch
도시락을 가져가다	take lunch
고교입시	high school entrance exams
대학입시	university entrance exams
~ 와 수다	chat with ~
~ 의 전화번호를 묻다	get ~'s # (# 는 (phone) number 를 말한다)
~ 의 집에서 묵다	sleepover at ~'s

열쇠당번	key
청소당번	cleaning
학교 안 가는 날	no school
클럽활동 없는 날	no club

간단 메모

한 줄 일기

좋은 말 좋은 글

나만의 프로필

시험

26 MON	**FINALS** · math · English · music
27 TUE	· fine arts · geography · Korean
28 WED	· science · P.E. · home economics

중간고사	mid-term exams / midterms
기말고사	final exams / finals
대학입학시험	national center exams for university admission
모의고사	practice exam
학력평가	academic ability exam
면접시험	interview (test)
입사시험	employment eligibility exam
체력진단테스트	physical strength and fitness test
깜짝 쪽지 시험	pop quiz
추가시험	make-up test
쪽지시험	quiz
구술시험	oral test
듣기평가	listening (comprehension) test
숙제용 시험	take-home test

꽃

8 THU
go see cherry blossoms
@Yongsan Park
*ⓓ forget: digital camera

장미	rose
카네이션	carnation
해바라기	sunflower
튤립	tulip
백합	lily
은방울꽃	lily of the valley
등나무	wisteria
난	orchid
층층나무	dogwood
얼레지	dogtooth violet
모란	peony
동백나무	camellia
석남 (상록 활엽 관목)	rhododendron
서향나무	daphne
엉겅퀴	thistle
수국	hydrangea
붓꽃	iris
안개꽃	baby's breath
도라지	Chinese bellflower

시클라멘	cyclamen
진달래	azalea
벚꽃	cherry blossoms
아도니스	adonis
목련	magnolia
라일락	lilac

21 WED — give fertilizer

씨	seed
모종	young plant
알뿌리	bulb
비료	fertilizer
흙	soil
화분	pot
화분	planter
삽	scop / shovel
갈퀴	rake
괭이	hoe
대나무빗자루	bamboo broom
물뿌리개	watering can
호스	hose
경운기	cultivator
잔디 깎는 기계	lawn mower
잡초 깎는 기계	weed cutter
정원용가위	shears
외바퀴손수레	wheelbarrow

채소

12 WED

grocery shopping
- ☐ soy sauce
- ☐ eggplant
- ☐ flour
- ☐ cheese
- ☐ chicken
- ☐ squid
- ☐ tofu
- ☐ sugar
- ☐ parsley
- ☐ onion

무	radish
당근	carrot
호박	pumpkin
시금치	spinach
양배추	cabbage
배추	Chinese cabbage
상추	lettus (lettuce)
양파	onion
파	green onion
오이	cucumber
토마토	tomato
방울토마토	cherry tomato
가지	eggplant
피망	green pepper
콩나물	bean sprouts
우엉	burdock
연근	lotus root
파슬리	parsley
셀러리	celery

순무	turnip
옥수수	corn
고구마	sweet potato
감자	potato
토란	taro

다양한 식재료

두부	tofu / dubu
유부	fried bean curd
어묵	steamed fish cake
대롱 어묵	fish sausage
버섯	mushroom
감자	potato
양파	onion
우유	milk
계란	egg
치즈	cheese
요구르트	yogurt
젤리	jelly
푸딩	pudding
소시지	sausage
햄	ham
돼지고기	pork
소고기	beef
닭고기	chicken
삼겹살	pork belly
베이컨	bacon
갈은 돼지고기	ground pork
갈은 소고기	ground beef

연어	salmon
고등어	mackerel
임연수어	Atka mackerel
장어	eel
명란젓	cod roe
매운명란젓	spicy cod roe
오징어	squid
문어	octopus
해초	seaweed
김	laver
미역	sea mustard
피클	pickles
과자	snacks
찻잎	tea leaves
커피	coffee
쌀	rice
밀가루	flour
메밀국수	buckwheat noodle
우동	udon noodle
소면	thin noodle
컵라면	instant ramen
춘권피	spring roll wrapper

만두피	dumpling wrapper
냉동고로케	frozen croquette
반찬	prepared dishes
과일 통조림	canned fruit
팥고물	azuki paste
빵(식빵)	bread
롤빵	roll
베이글	bagel
크로아상	croissant
딸기쨈	strawberry jam (과육이 들어있지 않은 것은 jelly)
마멀레이드	marmalade
버터	butter
마가린	margarine

조미료

설탕	sugar
소금	salt
후추	pepper
고추가루	red pepper
머스터드 소스	mustard
고추냉이	horseradish
생강	ginger
술	alcoholic drink
미림	mirin
식초	vinegar
간장	soy sauce
진간장	thick soy sauce
우스터 소스	Worcester sauce
굴 소스	oyster sauce
마요네즈	mayonnaise
기름(식용유)	oil
라드	lard
월계수 잎	bay-leaf
바질	basil
쇼트닝	shortening
베이킹파우더	baking powder
된장	soy paste
깨	sesami

일용품

5 MON
- ☐ sponge
- ☐ dish detergent
- ☐ rubber gloves

세탁세제	washing detergent
섬유유연제	softener
표백제	bleach
비누	soap
샴푸	shampoo
린스	conditioner
헤어트리트먼트	hair pack
면봉	cotton swab (Q-Tip)
칫솔	toothbrush
치약	toothpaste
티슈	tissue / Kleenex
화장지	toilet paper
부엌용 세제	dish detergent
수세미	scrub brush
부석(거품돌)	pumice (stone)
스폰지	sponge
솔	brush
알루미늄 호일	aluminum foil
안약	eye drops / eye lotion

파이프 클리너	pipe cleaner
방향제	air freshener
고무장갑	rubber gloves
비닐봉지	plastic bag
손톱깎이	nail clipper
구두주걱	shoehorn

부엌용품

30 FRI
- BOOKSTORE
- HOME MART
*check coffee maker & coffee grinder

도마	cutting board
식칼	kitchen knife
국자	(soup) ladle
그물 국자	skimmer
(고무) 주걱	(rubber) spatula
뒤집개	turner
냄비	pot
대형냄비	stewpot
중화요리용 프라이팬	wok
프라이팬	frying pan
전자렌지	microwave oven
토스트기	toaster
주전자	kettle
저울	scales
캔따개	can opener
코르크 마개 뽑는 기구	corkscrew
커피메이커	coffee maker
원두 분쇄기	coffee grinder
믹서	mixer / blender

거품기	whisk
(물기를 빼는) 체, 소쿠리	strainer
강판	grater
핫플레이트	electric hotplate
전기밥솥	rice cooker
행주	dish towel / dishrag
싱크대 모서리 삼각 그물망	sink-corner strainer
젓가락	chopsticks
나이프	knife
버터 나이프	butter knife
포크	fork
숟가락(스푼)	spoon
냅킨	(table) napkin
접시	plate
국그릇	soup plate / deep plate
(뚜껑이 있는) 큰 그릇	(soup) tureen
밥그릇	rice bowl
(우묵한) 그릇	bowl
작은 그릇	small bowl
유리잔	glass
커피잔	coffee cup
컵받침	saucer

항아리	jug (주둥이가 작고 손잡이가 있는)
(배 모양의)소스 그릇	sauce boat
샴페인 잔	champagne glass
와인 잔	wineglass

  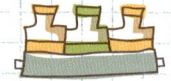 

전기용품

14 SAT
LG
- humidifier   (buy)
- washer   (check)

텔레비전	TV
라디오	radio
컴퓨터	computer
프린터	printer
스테레오	stereo
세탁기	washer
건조기	dryer
냉장고	fridge / refrigerator
드라이어	blower / blow-dryer
안마 의자	massage chair
전화기	telephone
팩스기	fax (machine)
휴대전화	cell phone / mobile phone
복사기	copier / copy machine
가습기	humidifier
제습제	dehumidifier
난방기, 히터	heater
에어컨	air conditioner
선풍기	electric fan

전기장판	electric carpet
카메라	camera
디지털 카메라	digital camera
전자사전	electronic dictionary

아기용품

31 SUN — find stroller for Yuna

분유	baby formula
젖병	baby bottle
이유식	baby food
턱받이	bib
기저귀	diapers
물수건	wipes
베이비 파우더	baby powder
베이비 오일	baby oil
베이비 비누	baby soap
온도계	thermometer
요람	(bouncing) cradle
아기용 휴대침대	portacrib (양쪽에 손잡이가 달린 것)
아기용 욕조	baby bath
(어린이 식사용)의자	high chair
아기 놀이울	play pen
자동차 어린이용 시트	car seat
유모차	stroller / baby buggy
신생아용 침대(바구니같은)	bassinet
딸랑이	rattle
블럭	(building) blocks

의류

15 TUE — shopping
find suit for Hee-jae's entrance ceremony

티셔츠	T-shirt
와이셔츠	(dress) shirt
블라우스	blouse
튜닉	tunic (top)
스웨터	sweater
소매가 없는 것	sleeveless
캐미솔	camisole
탱크톱	tank top
원피스	(one-piece) dress
쟈켓	jacket
코트	coat
모피 코트	fur coat
치마	skirt
주름 치마	pleated skirt
바지	pants
청바지	jeans
작업복	overalls (상하의가 하나로 된)
반바지	shorts
정장	suit

이브닝 드레스	evening gown
넥타이	tie
속옷	underwear
양말	socks
스타킹	pantyhose
앞치마	apron

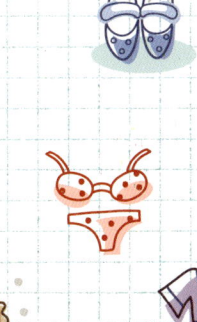

악세사리

24 SAT (Gangnam) dad's present tiepin? belt? tie?

목걸이	necklace
반지	ring
팔찌	bracelet
발찌	anklet
귀걸이	clip-on earrings (귀를 뚫지 않은 경우) pierced earrings (귀를 뚫은 경우)
장식물	charm (팔찌나 목걸이에 다는)
손목시계	watch
회중시계	pocket watch
머리띠	headband
머리핀	barrette
타이핀	tiepin
브로치	brooch
벨트	belt
멜빵	suspenders
목도리	scarf
스톨	stole
스카프	scarf
커프스 버튼	cuff

모자	hat / cap
가방	bag
핸드백	purse / handbag
신발	shoes
하이힐	(high) heels
샌들	sandals

화장품

7 FRI — get advice on eye shadow makeup

스킨로션	skin lotion / face lotion
밀크로션	milky lotion
보습크림	moisturizing cream
주름방지 로션	wrinkle lotion
애프터 쉐이브 로션	after-shave lotion
클렌징 크림	cleansing cream
리퀴드 파운데이션	liquid foundation
파우더 파운데이션	powder foundation
블러셔	blusher
립스틱	lipstick
립밤	lip balm
아이섀도우	eye shadow
눈썹펜슬	eyebrow pencil
마스카라	mascara
아이라이너	eye liner
기름종이	blotting paper
모공 커버 크림	pore-cover cream
선크림	sunscreen
바디로션	body lotion
향수	fragrance
데오도란트 스프레이	deodorant spray

문구

19 SAT — Buy things for New Year's cards
- ☐ black pen ☐ whiteout
- ☐ stamp ☐ glitter

연필	pencil
색연필	color pencil / colored pencil
샤프	mechanical pencil
펜	pen
볼펜	ballpoint pen
만년필	fountain pen
지우개	eraser
자	ruler
삼각자	triangle
각도기	protractor
컴파스	compasses
스테플러	stapler
스테플러 심	staples
풀	glue
테이프	Scotch tape
수정액	whiteout
가위	scissors
커터	cutter
클립	(paper) clip

포스트잇	Post-it / sticky (note)
메모장	memo pad
노트 (공책)	notebook
봉투	envelope
편지봉투	letter paper
압정	thumbtack / tack

악기

10 FRI
Ⓓ forget TICKET
6:30 violin concert   Sarah Jang
@ Seoul Arts Center

피아노	piano
오르간	organ
전자오르간	electronic organ
신시사이저	synthesizer
하프시코드	harpsichord
바이올린	violin
첼로	cello
콘트라베이스	double bass / contrabass
하프	harp
기타	guitar
가야금	gayageum
오카리나	ocarina
트럼펫	trumpet
색소폰	sax (ophone)
트럼본	trombone
아코디언	accordion
실로폰	xylophone
철금	glockenspiel
플루트	flute

피리(건반달린)	Pianica
캐스터네츠	castanets
트라이앵글	triangle
마라카스	maracas
탬버린	tambourine

탈것

11 WED — business trip to Osaka
6:21 bullet train

자동차	car
사륜차	four-wheel drive (car)
오픈카	convertible
스테이션 왜건	station wagon (좌석 뒤에 큰 짐을 실을 수 있는 승용차)
승합차	van
트럭	truck
택시	taxi / cab
버스	bus
기차	train
초고속 열차	bullet train
비행기	(air) plane
헬리콥터	chopper / helicopter
경찰차	police car
경찰오토바이	police motorcycle
배	ship
요트	sailboat
크루져	(cabin) cruiser
오토바이	motorcycle
스쿠터	scooter
자전거	bike / bicycle
외발자전거	unicycle
세발자전거	tricycle

동물

29 SUN — Zoo with grandchildren
*take (tiger) pictures

개	dog
고양이	cat
원숭이	monkey
코끼리	elephant
호랑이	tiger
사자	lion
소	cow / cattle
말	horse
얼룩말	zebra
사슴	deer
순록	reindeer
기린	giraffe
곰	bear
북극곰	polar bear / white bear
낙타	camel
라마	llama
알파카	alpaca
당나귀	donkey
노새	mule

팬더	panda
렛사 팬더	lesser panda
돼지	pig
멧돼지	boar
코뿔소	rhinos
캥거루	kangaroo
왈라비	wallaby
코알라	koala
양	sheep
염소	goat
늑대	wolf
표범	leopard
치타	cheetah
다람쥐	squirrel
날다람쥐	flying squirrel
토끼	rabbit
너구리	raccoon dog
미국너구리	raccoon
족제비	weasel
두더지	mole
햄스터	hamster
바다표범, 물개	seal

해달	sea otter
이구아나	iguana
돌고래	dolphin
고래	whale
범고래	killer whale
듀공	dugong (주로 인도양에 사는 거대한 초식 동물)
해우, 바다소	manatee
잠자리	dragonfly
메뚜기	grasshopper
사마귀	(praying) mantis
귀뚜라미	cricket
방울벌레	"bell-ringing" cricket
하늘소	longhorn beetle
딱정벌레	beetle
사슴벌레	stag beetle
무당벌레	ladybug
풍이	small beetle
풍뎅이	goldbug / gold beetle
매미	cicada
나비	butterfly
나방	moth
벌	bee

말벌	wasp
반딧불	firefly
개미	ant
흰개미	white ant / termite
바퀴벌레	cockroach
파리	fly
모기	mosquito
까마귀	crow
앵무새	parrot
잉꼬	parakeet
구관조	(hill) myna(h)
동박새	white-eye
개똥지빠귀	thrush
참새	sparrow
제비	(barn) swallow
찌르레기	starling
꿩	pheasant
올빼미	owl
물총새	kingfisher
오리	duck
공작	peacock
플라밍고	flamingo

펠리칸	pelican
펭귄	penguin
학	crane
두루미	red-crested white crane
야생매	hawk
독수리	eagle
사냥용으로 길들이는 매	falcon
타조	ostrich
닭	chicken
메추라기	quail

Casamia Furniture

1 SAT
- lamp
- coffee table

budget ₩28,000

책상	desk
커피 테이블	coffee table
테이블	table
의자	chair
마사지 의자	massage chair
침대	bed
베개	pillow
거울	mirror
책장	bookshelf
잡지꽂이	magazine rack
소파	sofa
램프	lamp
꽃병	vase
사진	picture / photo
액자	photo frame
회화	picture / painting
달력	calendar
장식품	ornament
커텐	curtain

보석함	jewel box
벽걸이시계	clock
알람시계	alarm clock
전화	phone / telephone
스테레오	stereo

색깔

7 SUN — shopping — purple stole

빨간색	red
진홍색	burgundy
분홍색	pink
파란색	blue
하늘색	light blue
남색	navy blue
초록색	green
연두색	yellowish green
에메랄드 그린	emerald green
코발트 블루	cobalt blue
보라색	violet
자주색	purple
주황색	orange
노란색	yellow
황토색	ocher
갈색	brown
고동색	dark brown
베이지색	beige
회색	gray
금색	gold
은색	silver
하얀색	white
검정색	black

무늬

24 SUN

Casamia
- fabric-polka dots (1.5m)
- fastener (50cm)

꽃무늬	floral print
세로줄무늬	vertical stripes
가로줄무늬	horizontal stripes
물방울무늬	polka dots
동물패턴	animal-pattern
표범무늬	leopard (pattern)
페이즐리무늬	paisley (pattern)
아가일무늬	Argyle
격자무늬체크	hound's tooth (check)
기하학모양	geometric (pattern)
체크	check
타탄체크	tartan
하트	heart
별	star
구불구불한 무늬	wriggle
세로골무늬	ribbing
화려한 무늬	loud pattern / showy pattern
유행하는 무늬	pattern in fashion

장소와 시간을 나타내는 전치사

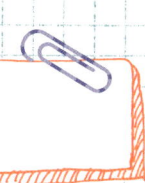

18 THU
meet Kang
inside YP Bookstore
between 6:30 and 7:00

장소	~에서	at ~
	~안에서	in ~ / inside ~
	~밖에서	outside ~
	~앞에서	in front of ~
	~가까이서	near ~
	~옆에서	next to ~
	~맞은편에서	opposite (from) ~
	~과... 사이에서	between ~ and …

시각	~에	at ~
	~경	around ~
	~보다 전에	before ~
	~이후에	after ~
	~부터 ... 까지	from ~ to …
	~까지는	by ~
	~까지	until ~ / till ~
	~과 ... 사이에	between ~ and …

딱 한 줄만 써보자!

여기서는 다이어리에 써 넣는
"한 줄"에 필요한 표현을 소개합니다.
특별한 일이 없는 날은
그날 있었던 일을 간단하게
써 두는 것도 한 방법입니다. 또,
어떤 예정사항 옆에 그 감상을
적어도 좋습니다.
다이어리의 빈 공간을
"한 줄"로 채워보세요.

※표기에 대해서는 「이 책의 영어표현에 대한 양해」
(p.27)를 봐 주세요.

PART 1 단어만 골라 넣으면 돼!

내가 간 장소

went to _____   _____ 에 갔다

부모님댁	my parents' house
유리의 집	Yuri's house
영화관	the movies
노래방	karaoke
헬스클럽	the gym
카페	a café
가든파티	a garden party
우체국	the post office
은행	the bank
병원	the hospital
시청	the city hall
아들이 다니는 고등학교	my son's high school
모네 전시회	a Monet exhibition
백선생님 사진전	Mr. Bak's photo exhibition
슈퍼마켓	the supermarket / the grocery store
몇몇 자동차 영업소	some car dealerships
여행사	a travel agency
골프 연습장	the driving range
운전 교습소	the driving school

이렇게 쓸 수도 있어요

went to a café with Jun 준과 카페에 갔다
went to M's kitchen for lunch 점심을 먹으러 M's식당에 갔다
went to the a bookstore on the way home 집에 가는 길에, 서점에 갔다

went ___ing   ___ 하러 갔다/을 했다

쇼핑	shopping
식료품 사기	grocery shopping
조깅	jogging
자전거 타기	bike riding
스키	skiing
크로스컨트리 스키	cross-country skiing
스노보드	snowboarding
에어보드	airboarding
스케이트	ice-skating
서핑	surfing
수영	swimming
스카이다이빙	skydiving
스쿠버다이빙	scuba diving
패러세일링	parasailing
하이킹	hiking
캠핑	camping
트래킹	trekking
승마	horseback riding
낚시	fishing
볼링	bowling

went shopping in MyungDong 명동에 쇼핑하러 갔다
went snowboarding at Yongpyong 용평에 스노보드를 타러 갔다
went bowling for the first time in 6 years 6년만에 볼링을 치러 갔다

PART 1 단어만 골라 넣으면 돼!

산 것

bought ▨▨▨   ▨▨▨을 샀다   ※got도 가능

청바지	jeans
스카프	a scarf
핸드백	a purse
편지지	letter paper
디지털카메라	a digital camera
돋보기	reading glasses
스노보드	a snowboard
홈베이커리	a bread-baker
공구 상자	a tool kit
2단침대	bunk beds
생일선물	a birthday present
토마토 모종	tomato seedlings
고급 초콜렛	high-quality chocolate
슬리퍼 6켤레	six pairs of slippers
패션잡지 2권	two fashion magazines
중고 로렉스(손목시계)	a used Rolex (watch)
귀여운 수첩	a cute datebook
컴퓨터를 1대 더	another computer
2PM의 최신 앨범	2PM's latest album

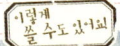

bought a humidifier for 80,000 Won   80,000원으로 가습기를 샀다
bought a magazine rack by mail (order)   통신 판매로 잡지걸이를 샀다
bought perfume on the Internet   인터넷에서 향수를 샀다
bought a birthday present for him   그의 생일선물을 샀다

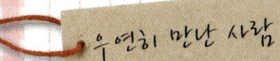

ran into ▢   우연히 ▢를 만났다

기영 씨	Kiyoung
정태 군	Jeongtae
박 선생님	Ms. Park(여성)/ Mr. Park(남성)
삼촌	my uncle
숙모	my aunt
옆집사람	my next-door neighbor
이웃	a neighbor
지인	an acquaintance
동료	a co-worker
상사	my boss
오랜친구	an old friend / a longtime friend
반 친구	a classmate
고등학교 동급생	a classmate in high school
중학교때 친구	a friend in junior high school
나영의 남편	Nayoung's husband
회사의 접수 담당자	the receptionist of my company
술집 주인	bar owner
자주가는 서점 점원	a clerk at the bookstore I often go to

이렇게 쓸 수도 있어요

ran into Yuri at E Mart   E 마트에서 우연히 유리를 만났다
ran into prof. Collins in Shinchon   신촌에서 우연히 콜린스 교수님을 만났다
ran into a neighbor while out for a walk   산책 하던 중 우연히 이웃사람을 만났다
ran into Mr. K again!   또 우연히 K씨를 만났다!
ran into Jihoon two weeks in a row   2주 연속으로 우연히 지훈이를 만났다

PART 1 단어만 골라 넣으면 돼!

준 것

gave 사람 [   ]   [   ]에게 [   ]을 주었다

사람
지훈	Jihoon
자식들(아이들)	my children
여조카	my niece
내 부인	my wife
부모님	my parents
할아버지	my grandfather / my grandpa
친구 몇명	some friends
남자 동료	my male co-workers
미희의 아들	mihee's son

물건
명찰케이스	a card case
머그컵	a mug
니트모자	a knit cap
책	a book
목걸이	a necklace
마사지 의자	a massage chair
새뱃돈	New Year's money
과자	some snacks
도서카드	book cards

이렇게 쓸 수도 있어요

gave Sujin a necklace as a birthday present
생일선물로 수진에게 목걸이를 주었다

gave Minsu a book to celebrate his graduation
졸업선물로 민수에게 책을 선물했다

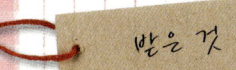

got ___ from 사람   ___에게 ___ 받았다

물건
와인	wine
쿠키	cookies
꽃다발	a bouquet
편지	a letter
영화티켓 2장	two movie tickets
상품권	gift certificates / gift coupons
휴대용 재떨이	a portable ashtray
스킨 샘플	skin lotion samples
캐나다에서 사온 선물	a present from Canada

사람
선미	Sunmi
남자친구	my boyfriend
여자친구	my girlfriend
어머니/엄마	my mother / my mom
언니/누나	my sister
손님/고객	a customer
학생의 어머니	a student's mother
동료	a co-worker
파리에 있는 사촌	my cousin in Paris

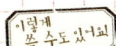

got a bouquet from my husband for the first time
처음으로 남편에게 꽃다발을 받았다

got some cookies from a customer for my birthday
생일에 고객으로부터 쿠키를 받았다

PART 1 단어만 골라 넣으면 돼!

먹은 것, 마신 것

had ____ 을 먹었다 · 마셨다

한식	Korean dishes
일식	Japanese dishes
중화요리	Chinese dishes
샌드위치	a sandwich
파니니	a panini (이탈리아식 샌드위치)
감자튀김요리	poutines (녹인치즈와 소스를 끼얹어 내는)
피로시키	a piroshky (러시아식 파이)
라면	ramen
점심 특선 메뉴	the daily lunch special
케이크 세트	a cake set
아침식사	breakfast
브런치	brunch
점심식사	lunch
저녁식사	dinner
야식	midnight snacks
부페식 점심	an all-you-can-eat lunch
어머니의 요리	my mother's home cooking
커피	coffee
홍차	tea / black tea / English tea
맥주	beer

이렇게 쓸 수도 있어요

had Japanese dishes in Ilsan 일산에서 일식을 먹었다
had udon for lunch 점심에 우동을 먹었다
had lunch with Mr.Park 박수동 씨와 점심을 먹었다
had some homemade cookies at Boa's 보아네서 직접 만든 쿠키를 받았다

만든 것

간단 메모
한 줄 일기
좋은 말 좋은 글
나만의 프로필

made ▢   ▢을 만들었다

책장	a bookshelf
개집	a dog house
입구를 조르는 주머니	a drawstring bag
화장품 파우치	a makeup bag
원피스	a dress
휴대폰 줄	a cell phone strap
내 도시락	my lunch
셔벗	sherbet
과일쥬스	fruit juice
친구	friends
그릇	a bowl
내 가게 웹사이트	my shop's website
내 홈페이지	my own homepage
단편영화	a short movie
문서	documents
프레젠테이션용 서류	the documents for the presentation
생일카드	a birthday card
내가 만든 향수	my own perfume

이렇게 쓸 수도 있어요

made a ring with beads 비즈로 반지를 만들었다
made a bowl on a potter's wheel 돌림판을 돌려서 그릇을 만들었다
made pajamas on a sewing machine 미싱으로 파자마를 만들었다
made some friends at the social gathering 친목회에서 친구를 몇명 사귀었다
made sesame dressing from a recipe 레시피를 보면서 참깨 드레싱을 만들었다

딱 한줄만 써보자!

PART 1 단어만 골라 넣으면 돼!

해야할 일을 잊은 경우

forgot to ⬜   ⬜ 하는 걸 잊어버렸다

수희에게 전화하다	call Suhee
편지를 보내다	mail the letter
감사편지를 쓰다	write a thank-you letter
민수에게 메일 답장을 쓰다	reply to Minsu's e-mail
블로그를 갱신하다	update my blog
식초를 사다	buy vinegar
휴대폰을 충전하다	charge my cell phone battery
마감일을 묻다	ask about the deadline
세탁물을 찾으러 가다	pick up my laundry
영진에게 메모를 건네주다	hand Youngjin the note
책을 돌려주다	return the books
영수증을 받다	get the receipt
명함을 주문하다	order my (business) cards
불을 끄다	turn off the light
가스 밸브를 잠그다	turn off the gas at the main
문을 잠그다	lock the door
케이크에 설탕을 넣다	put sugar in the cake
약을 먹다	take medicine
기초 체온을 재다	take my basal body temperature

이렇게 쓸 수도 있어!

forgot to take medicine *this morning* 오늘 아침에 약 먹는 걸 깜박했다

forgot to get the receipt *at the restaurant*
레스토랑에서 영수증 받는 걸 깜박했다

forgot to turn off the gas at the main *again!*
또 가스 밸브 잠그는 걸 깜박했다!

잃어버린 것, 찾은 것

lost ⬜⬜⬜ 을 잃어버렸다
found ⬜⬜⬜ 을 발견했다 / ~을 찾았다

지갑	my wallet
5천원	5,000 won
지하철 정기권	my subway pass
표	the ticket
여권	my passport
USB	my USB
레시피	the recipe
손톱깎기	the nail clipper
집 열쇠	my house key
통장	my bankbook
현금카드	my ATM card
인감	my personal seal
콘택트렌즈(한쪽)	a contact / a contact lens
호준이의 펜	Hojun's pen
펜뚜껑	the pen cap
콘서트 티켓	the concert ticket
박민성 씨의 전화번호	Mr. Park's phone number
김수영 씨의 명함	Ms. Kim's card

이렇게 쓸 수도 있어요

lost the ticket on the bus 버스에서 승차권을 잃어버렸다
lost my wallet while shopping 쇼핑하는 동안에 지갑을 잃어버렸다
found my USB under the table 책상 밑에서 USB를 찾았다

PART 1 단어만 골라 넣으면 돼!

해야 하는 것

need to ▢   ▢ 해야 한다

머리카락을 자르다	get a haircut
영어를 열심히 공부하다	study English hard
운동을 하다	do some exercise
건강검진을 받다	get a physical
올바른 식생활을 하다	eat right
섬유질을 섭취하다	take more fiber
다이어트를 하다	go on a diet
저금을 하다	save money
계좌를 해지하다	cancel my account
방청소를 하다	clean my room
정원의 잡초를 뽑다	weed my garden
아들에게 50만원을 보내다	send my son 500,000 won
자기에게 자신을 갖다	be confident in myself
연하장을 사다	get New Year's cards
연하장을 쓰다	write my New Year's cards
담배를 줄이다	cut down on smoking
지출을 줄이다	cut down on spending
운전면허증을 갱신하다	renew my driver's license
차보험료를 내다	pay the car insurance premium
타이어를 교환하다	change tires
미싱을 수리 맡기다	have my sewing machine fixed

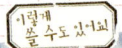

need to save money to buy a house
집을 사기 위해서 절약해야 한다
need to renew my driver's license by July 10
7월 10일까지는 운전면허 갱신을 해야 한다

하고 싶은 것

want to ▢

▢ 하고 싶다

월차를 내다	take a day off
휴가를 얻다	take a vacation
일을 그만두다	quit my job
승진하다	get a promotion
승급하다	get a raise
프리랜서로 일하다	work freelance
본사로 전근가다	transfer to the headquarters
도망가다	run away
해외여행을 하다	go abroad
개를 키우다	have a dog
부자가 되다	be rich
10킬로 빼다	lose 10kg
혼자 살다	live alone
결혼하다	get married
이혼하다	get divorced
그와 헤어지다	break up with him
더 자다	get more sleep
말을 잘하게 되다	be a good speaker
코를 높이다(성형)	get a nose job
스포츠카를 갖다	have a sports car
역 가까이로 이사하다	move to a place near the station

이렇게 쓸 수도 있어요

want to run away from reality 현실에서 도망치고 싶다
want to break up with him as soon as possible 당장이라도 그와 헤어지고 싶다
want to start my own business in 3 years 3년후에는 내 사업을 시작하고 싶다

딱 한줄만 써보자!

PART 1 단어만 골라 넣으면 돼!

내 의사와 달리 해버린 것

ended up [　　]　　　결국 [　　]고 말았다

너무 많이 먹다	eating too much
너무 많이 사다	buying too much
돈을 많이 쓰다	spending a lot of money
야근하다	working overtime
아침을 먹지 않다	skipping breakfast
PC방에 가다	going to the internet plaza
늦게 집에 가다	coming back home late
막차를 놓치다	missing the last train
택시로 귀가하다	coming back home by taxi
아무것도 하지 않다	doing nothing
하루종일 텔레비전을 보다	watching TV all day
하루종일 집에서 빈둥거리다	lying around the house all day
밤새하다	staying up all night
새벽 3시 넘어 자다	going to bed after 3:00 a.m.
소파에서 자다	sleeping in sofa
이를 안 닦고 자다	going to sleep without brushing my teeth
낮까지 자다	getting up around noon
동료와 한잔하러 가다	going for a drink with co-workers
그녀가 말한 대로 하다	obeying what she said
말하고 싶은 걸 못 말하다	being unable to say what I wanted to say

이렇게 쓸 수도 있어요

ended up missing the last train thanks to Hyunsoo
결국 현수 때문에 막차를 놓치고 말았다

ended up eating too much again at the all-you-can-eat
결국 부페에서 또 과식했다

PART 2 내가 쓰고 싶은 것만 쓰자!

수면, 기상

일찍 잤다	went to bed early
늦게 잤다	went to bed late
1시 쯤 잤다	went to sleep around 1:00
철야했다	stayed up all night
늦게까지 깨 있었다	stayed up late
늦게까지 잤다	slept late in the morning
5시 반에 눈이 떠졌다	woke up at 5:30
8시 쯤 일어났다	got up around 8:00
평소보다 일찍 일어났다	got up earlier than usual
6시간 잤다	slept for six hours
푹 잤다	slept like a log
충분히 못 잤다	didn't get much sleep
좀처럼 잠들지 못했다	took long to fall asleep
밤중에 몇번이고 깼다	woke up a few times during the night
낮잠을 잤다	took a nap
늦잠을 잤다	overslept
한숨도 못 잤다	couldn't sleep a wink

하루종일 하품을 했다	yawned all day
회의중에 졸았다	nodded off in the meeting
아무것도 안 하고 빈둥빈둥 지냈다	lay around doing nothing
하루종일 졸렸다	drowsy all day
수면부족이다	need more sleep
나쁜 꿈을 꿨다	had a bad dream
Rain(비) 가 꿈에 나왔다	Rain appeared in my dream
잠을 잘못 잤다	woke up with a crick in my neck
남편이 가위에 눌렸다	my husband was troubled with a nightmare
아내가 자면서 이를 갈았다	my wife ground her teeth in her sleep
아들이 잠꼬대를 했다	my son talked in his sleep

PART 2 내가 쓰고 싶은 것만 쓰자!

통근, 통학

6시 38분 전차를 탔다	took the 6:38 train
버스를 놓쳤다	missed the bus
전철이 30분 늦게 왔다	the train was 30 minutes late
자전거 바퀴가 펑크났다	my bike got a flat tire
엄마가 역까지 바래다 줬다	had my mom take me to the station
딸이 차로 마중나와주었다	my daughter picked me up
회사에 지각했다	late for work
간신히 학교에 지각하지 않았다	barely made it to school on time
만원전철은 싫다	hate those packed trains
교통정체에 갇혔다	got caught in traffic
(지하철)정기권을 잃어버렸다	forgot my subway pass
회사에 가던 중 비를 쫄딱 맞았다	got soaked (to the skin) on the way to work
퇴근 길에 한잔 했다	had a drink on the way home
하교길에 맥도날드에 갔다	went to McDonald's after school

볼 것, 들은 것, 읽은 것

텔레비전을 봤다	watched TV
DVD를 봤다	watched a DVD
영화를 봤다	saw a movie (영화관에서) watched a movie (집에서)
불꽃놀이를 봤다	watched the fireworks show
TV 연속극을 놓쳤다	missed today's soap
텔레비전에서 「노팅힐」을 봤다	watched "Notting Hill" on TV
라디오를 들었다	listened to the radio
하루종일 아이팟을 들었다	listened to my iPod all day
스윗소로우의 앨범을 들었다	listened to a Sweet Sorrow album
오바마대통령의 취임연설을 CD로 들었다	listened to President Obama's inaugural address on CD
신문을 읽었다	read a (news)paper
「위대한 개츠비」를 읽었다	read "The Great Gatsby"
인터넷에서 뉴스를 읽었다	read news on the Internet
미용실에서 패션잡지 세 권을 봤다	read 3 fashion magazines at the beauty salon

간단 메모
한 줄 일기
좋은 말 좋은 글
나만의 프로필

PART 2 내가 쓰고 싶은 것만 쓰자!

집안일

방 청소를 했다	cleaned my room
집안 청소를 했다	cleaned my house
방에 청소기를 돌렸다	vacuumed my room
마루를 닦았다	wiped the floor with a rag
마루에 왁스칠을 했다	waxed the floor
환풍기를 물로 씻었다	washed the ventilator
커텐을 빨았다	washed the curtains
빨래를 했다	did the laundry
빨래를 많이 했다	did a lot of laundry
이불을 말렸다	aired out the bedclothes
시트를 바꿨다	changed the sheets
욕조를 닦았다	washed the bathtub
저녁을 만들었다	made dinner
설거지를 했다	did the dishes
어머니를 도왔다	helped my mother

정원일

캄파눌라 씨를 뿌렸다	planted campanula seeds
히야신스의 알뿌리를 심었다	planted hyacinth bulbs
여러 화분을 늘어놓았다	made a container garden
비료를 줬다	spread fertilizer
우리집 벚나무의 싹이 나왔다	my cherry tree began to bud
우리집 튤립이 피기 시작했다	my tulips started to bloom
화단의 잡초를 뽑았다	weeded my flower bed
정원의 잡초를 뽑았다	weeded my garden (화단이나 채소밭 등) weeded my yard (집과 주위의 정원)
제초제를 뿌렸다	sprayed a weed-killer
정원의 나무를 가지치기했다	pruned my yard trees
울타리를 다듬었다	trimmed my hedge
화초와 나무에 물을 줬다	watered my flowers and trees
보도에 물을 뿌렸다	watered the sidewalks

간단 메모
한 줄 일기
좋은 말 좋은 글
나만의 프로필

PART 2 내가 쓰고 싶은 것만 쓰자!

컨디션, 몸상태

몸이 지치다	feel sluggish
우울하다	feel gloomy
감기에 걸렸다	have a cold
(미/ 고)열이 있다	have a (slight / high) fever
콧물이 나오다	have a runny nose
재채기가 멈추지 않는다	can't stop sneezing
기침이 나다	have a cough
목이 아프다	have a sore throat
이명이 들리다	have a ringing in my ears
눈이 (피곤해서) 게슴츠레 하다	have bleary eyes
꽃가루 알레르기가 생겼다	developed hay fever
배가 아프다	have a stomachache
머리가 아프다	have a headache
허리가 아프다	have a (lower)backache
이가 아프다	have a toothache
숙취가 심하다	have a hangover
설사다	have diarrhea

변비다	have constipation
생리통이다	have cramps
근육통이다	have sore muscles
무릎이 아프다	have a pain in my knees
왼쪽발목이 접질렸다	sprained my left ankle
허리를 삐었다	strained my back
발진이 돋다	got a rash
시차적응 중이다	have jetlag
식욕이 없다	have no appetite
스트레스가 쌓였다	stressed out
의사에게 진찰을 받았다	saw a doctor
주사를 맞았다	got an injection
항생제를 맞았다	got antibiotics
진통제 처방전을 받았다	got a prescription for a painkiller
약을 먹었다	took some medicine
약이 효과가 없다	the medicine doesn't work

PART 2 내가 쓰고 싶은 것만 쓰자!

다이어트, 건강

요근래 너무 많이 먹는다	eating too much lately
허리에 군살이 생겼다	getting a spare tire
운동해야 한다	need some exercise
몸을 단련해야 한다	need to work out
다이어트해야 한다	need to go on a diet
염분을 덜 먹어야 한다	need to cut down on salt
담배를 끊어야 한다	better quit smoking
고위험증상이 생기기 전단계이다 (심장관련 질환을 일으킬 가능성이 큰)	have pre-metabolic syndrome
이 살, 어떻게 해야 한다	need to get rid of this fat
체지방 – 32 퍼센트	body fat percentage -- 32%
몸무게 – 54 킬로	weight -- 54kg
바나나다이어트 중	on banana diets
다이어트 10 일째	diet – 10th day
1 주일에 1 킬로 뺐다	lost 1kg in a week
앞으로 2 킬로 빼고 싶다	want to lose 2 more kilos
원하는 몸무게보다 5 킬로 오버	5kg over the ideal weight
요가를 시작했다	took up yoga

밸런스 볼을 샀다	bought a stability ball
헬스클럽에 갔다	went to the gym
산책했다	walked
조깅했다	jogged
1시간 수영했다	swam for an hour
만보 걸었다	walked 10000 steps
균형잡힌 식사를 하기 위해 노력하고 있다	trying a balanced diet
건강보조식품이 필요한가?	need dietary supplements?
너무 많이 먹으면 안 돼!	Don't eat too much!
과음은 안 돼!	Don't drink too much!
꼭꼭 씹어먹기!	Chew well!
매일 물 2리터 마시기!	Drink 2 liters of water every day!

PART 2 내가 쓰고 싶은 것만 쓰자!

기쁜 일

수연이가 아들을 낳았다	Suyuen gave birth to a boy
수연이가 퇴원했다	Suyuen left the hospital
보너스를 받았다	got a bonus
손자가 놀러왔다	my grandchildren came over
점심값이 굳었다	saved on the cost of lunch
한복을 입었다	wore a Hanbok
윤호가 데이트 신청을 했다	Yunho asked me out
남자친구가 생겼다	got a boyfriend
지영이가 약혼했다	Jiyoung got engaged
수민이가 임신했다	Sumin is expecting
공항에서 김연아를 봤다	saw Kim Yuna at the airport
헤어스타일을 칭찬받았다	got a compliment on my hairstyle
눈여겨 보던 가방이 반값이었다	the bag I had my eyes on was 50% off
운전면허시험에 합격했다	passed the driving test
면접시험을 잘 봤다	did well on the interview test
10만원짜리 음악쿠폰에 당첨됐다	won ₩100,000 worth of music coupons
라디오에서 내 사연이 읽혔다	my message was read on the radio

블로그에 좋은 댓글이 달렸다	got a nice comment on my blog
역까지 지름길을 찾았다	found a shortcut to the station
컴퓨터 사용법을 배웠다	learned how to use a computer
따뜻한 날씨의 하루였다	a nice and warm day
별 5개 레스토랑에서 저녁을 먹었다	had dinner at a five-star restaurant
기획이 통과됐다	my plan was accepted
증쇄 3000 부!	reprint -- 3000 copies!
계약을 땄다	made a contract
판매 할당량을 채웠다	met my quota
이번달은 흑자다	in the black this month
상사가 칭찬을 해 주었다	my boss told me I did a good job

PART 2 내가 쓰고 싶은 것만 쓰자!

안타까운 일

다이어트에 실패했다	failed my diet
4 킬로 쪘다	gained 4kg
체력이 떨어졌다	losing physical strength
눈이 잘 안 보인다	my eyesight is getting poorer
수가 입원했다	Sue is in the hospital
JJ의 어머니가 돌아가셨다	JJ's mother passed away
나미의 애완견이 죽었다	Nami's dog died
그녀는 스트레스가 상당히 쌓여있다	She is stressed out
민수와 리나가 헤어졌다	Minsu and Rina broke up
유리가 이혼했다	Yuri got divorced
면접시험에서 떨어졌다	didn't pass the interview test
휴대폰 줄을 잃어버렸다	lost my cell phone strap
컴퓨터가 고장났다	my computer broke
수리하는데 4만원이 들었다	cost 40,000 won to fix it
좋아하던 치마가 찢어졌다	my favorite skirt tore
점원이 불친절했다	the sales clerk had a bad attitude
정수가 고맙다고 하지 않았다	Jeongsu didn't say thank you

유리가 사과하지 않았다	Yuri didn't say sorry
속도위판 딱지를 뗐다	got a speeding ticket
고교동창회에 못 갔다	couldn't go to my high school reunion
10쪽의 문서를 다시 입력해야 하는 지경이 됐다	had to retype a 10-page document
상사가 나에게 화풀이를 했다	my boss took it out on me
계약을 취소당했다	the contract was canceled
교섭이 잘 진행되고 있지 않다	the negotiation isn't going well
장사가 시원찮다	my business is slow
해고됐다	got fired
지방으로 좌천당했다	got transferred to a local branch
P 씨의 회사가 파산했다	P's company went bankrupt
이번달도 적자다	in the red this month again

PART 2 내가 쓰고 싶은 것만 쓰자!

우정, 연애

그 사람, 싱글일까?	Is he single?
그녀는 유부녀다	she's married
그에게 사귀는 사람이 없으면 좋을텐데	hope he isn't seeing anyone
그는 여자친구가 있다	he has a girlfriend
그녀는 남자친구가 있을까?	Does she have a boyfriend?
켄과 싸웠다	had a fight with Ken
유미와 말싸움을 했다	had words with Yumi
소리에게 무시당했다	Sori ignored me
호영이가 바보취급을 했다	Hoyoung made fun of me
걔 얼굴 보기도 싫다	can't stand the sight of him
미진과는(만나도) 말하지 않는 사이다	not on speaking terms with Mijin
미진과 화해했다	made up with Mijin
미진이가 말을 걸어왔다	Mijin talked to me
S 씨와 영화를 보러 갔다	went to the movies with Mr.S
정주희 씨가 저녁식사에 초대했다	Ms.Jeong asked me out to dinner
정주희 씨가 저녁식사를 만들어 줬다	Ms.Jeong made me dinner
정주희 씨와 친구가 됐다	want to make friends with Ms.Jeong

박한나 씨의 결혼식에서 친구를 몇 명 사귀었다	made some friends at Ms.Park's wedding
그 중 한 명에게 메일을 받았다	one of them e-mailed me
민수와 잤다	had a thing with Minsu
사랑을 나눴다	made love
민수가 바람폈다	Minsu cheated on me
민수는 양다리를 걸치고 있다	Minsu two-timed on me
바람을 피우다	having an affair
그에게 들켰다	he found it out
그녀는 알아채지 못했다	she hasn't found it out
그를 찼다	left him
그에게 차였다	he left me
헤어졌다	broke up
그 남자, 용서못해	will NOT forgive him
그녀를 용서했다	forgave her

PART 2 내가 쓰고 싶은 것만 쓰자!

휴일, 여가시간에 한일

세차를 했다	washed my car
차에 왁스칠을 했다	waxed my car
보석을 닦았다	polished my jewelry
연하장을 50 장 썼다	wrote 50 New Year's cards
감사장을 썼다	wrote a thank-you letter
쾌유를 비는 카드를 썼다	wrote a get-well card
토니에게 생일카드를 보냈다	sent Tony a birthday card
책상 위를 정리했다	cleaned my desk
서랍 안을 정리했다	tidied up the drawers
방의 가구를 재배치했다	rearranged my room
비행기를 예약했다	booked my flight
엄마에게 전화했다	called my mom
DVD 를 (유료로) 빌렸다	rented some DVDs
DVD 를 반납했다	returned the DVDs
책을 (무료로) 빌렸다	borrowed some books
집세를 냈다	paid the rent
헤어스타일을 바꿨다	changed my hairstyle

안경을 바꿨다	changed glasses
오사카로 출장갔다	made a business trip to Osaka
세미나에 참가했다	attended a seminar
주식을 전부 팔았다	sold all the stocks
교통사고를 목격했다	saw a car accident
파티의 간사를 맡았다	organized a party
집에서 일 했다	worked at home
느긋하게 목욕을 했다	took a leisurely bath
크리스마스트리를 꾸몄다	decorated the Christmas tree
성묘를 했다	visited my family grave
K 씨의 문병을 갔다	visited Mr.K in the hospital
소득세 확정신고를 했다	worked on my tax papers
재정계획을 공부했다	studied financial planning
가족과 외식했다	ate out with my family
웹서핑을 했다	surfed the Net
퍼즐 맞추기를 했다	did a jigsaw puzzle
친구를 집으로 불렀다	had some friends over

PART 2 내가 쓰고 싶은 것만 쓰자!

아이들과 소꿉장난을 했다	played house with my children
남자조카와 여자조카를 돌봤다	babysat my niece and nephew
피아노 연습을 했다	practiced the piano
스웨터를 짰다	knitted a sweater
토트백을 만들었다	sewed a tote
비디오게임을 했다	played the videogames
스티커사진을 찍었다	made some photo stickers
이탈리아 여행 앨범을 만들었다	made a photo album of my trip to Italy
언니가 이사하는 것을 도왔다	helped my sister move
얼굴에 팩을 했다	applied a pack to my face
괜찮은 아파트를 구했다	looked for a nice apartment

생리

생리기간이 왔다	got my period
지금은 생리중	having my period
	in my period
	OTB (on the blob)
	time of the month (돌려 말하는 표현)
생리가 1주일 늦다	my period is one week late
생리가 끝났다	finished my period
생리통이 심하다	having terrible cramps
출혈이 심하다	bleed heavily
생리가 규칙적이다	have a regular menstrual period
생리불순이다	have menstrual disorder
생리가 아닌데 출혈이 생겼다	bled between periods
임신인가?	pregnant?
상상임신이었다	false pregnancy

간단 메모
한 줄 일기
좋은 말 좋은 글
나만의 프로필

PART 3 내 기분을 쓰자!

일반적인 감상

잘됐다	great
보통이었다	just OK / so-so
별로 좋지 않았다	not so good
끔찍했다	terrible
피곤하다	tired
지쳤다	exhausted
푹 자고 싶다	want to get a good sleep
잘 진행됐다	went well
실패했다	failed
완전히 실패했다	screwed up
즐거웠다	fun
힘들었다	tough
지루했다	boring
간단했다	easy
정말 간단했다	piece of cake
어려웠다	hard

복잡했다	complicated
시끄러웠다	noisy
조용했다	quiet
성취감에 가득찼다	fulfilled
만족했다	satisfied
보람있었다	challenging
할 가치가 있었다	rewarding
또 도전해보고 싶다	want to try it again
두번 다시 하고 싶지 않다	don't want to do it again
좋은 경험이었다	good experience
무척 고생했다	went through a lot
노력을 보상받았다	my hard work paid off

PART 3 내 기분을 쓰자!

기쁨, 흥분

기쁘다	happy
정말 기쁘다	very happy
최고!	couldn't be happier
만세!	hurray!
해냈다!	great!
야호!	whoopee!
	yahoo!
만세, 만세, 만세!	three cheers!
대단해!	great!
	awesome!
	fabulous!
기대돼!	can't wait!
신난다	happy and excited
두근두근거린다	excited
정말 신난다	thrilled
두근두근 설레인다	excited and nervous

기쁜 소식	good news
(싸게 사서)이득 봤다!	what a steal!
운이 좋아!	lucky me!
꿈 같다	like a dream
정말 감동	greatly moved
기쁜 놀람이었다	great surprise
기쁨의 눈물을 흘렸다	cried with joy
감동해서 눈물이 났다	moved to tears
거짓말같다	too good to be true
흥분해서 잘 수 없었다	too excited to sleep
꿈이 이뤄졌다	my dream came true
금요일이다!	TGIF!(=Thank God It's Friday)
정말 좋은 하루였어!	what a great day!
매일이 생일 같다	every day is like a birthday

PART 3 내 기분을 쓰자!

슬픔, 괴로움

슬프다	sad
너무 슬프다	very sad
왠지 슬프다	kind of sad
슬퍼지다	feel sad
말할 수 없을 정도로 슬프다	too sad for words
슬픔에 엄청난 충격을 받았다	devastated by grief
이렇게 슬픈 일은 없다	there's nothing sadder
그것이 슬픈 현실이다	that's a sad fact
울고 싶은 심정이다	feel like crying
하마터면 울 뻔했다	almost cried
눈물을 참을 수 없었다	couldn't hold back my tears
밤새 울었다	cried all night
이제 어떻게 살아가야 하나?	How can I live from now on?
슬프지만 좌절하지 말고 나아가자	will go on with my life
실망이다	how disappointing!
그에게 실망했다	disappointed in him
정말 실망했다!	what a bummer!

이런	oh my
우울하다	feel depressed
안타깝다, 유감이다	what a shame!
허무하다	feel empty
기분이 가라앉는다	feel low
괴로운 1주일이었다	had a bad week
힘든 시간이었다	had a hard time
곤란한 입장이다	in a difficult position
고통스러운 이별이었다	painful separation
이를 악물고 노력했다	bit the bullet
마음이 찢어질 것 같다	heartbroken
참을 수 없다	can't bear it
생활이 어렵다	live a tough life

PART 3 내 기분을 쓰자!

분노, 화

아- 진짜!	darn (it)!
제길!	damn (it)! (속어)
빌어먹을!	shit! (속어)
쳇	shoot
환장하겠네!	mad!
열불나	furious
화 나	upsetting
왕짜증	pissed off (속어)
뭐 저런 사람이 다 있어!	what a jerk!
신경을 건드렸다	got on my nerves
그녀는 나를 짜증나게 했다	she drove me up the wall
또야!	not again!
다신 그러지 마!	not that again!
꺼져!	Get lost!
우스꽝스럽다	ridiculous

장난하지마	bullshit (속어)
바보 같은 소리!	hooey!
멍청하긴	so stupid
그래서 뭐?	So what?
뭐든 상관없어	whatever
지겨워	sick of it
맙소사, 세상에!	good grief!
적당히 좀 해라	give me a break
바보취급 하지마!	Don't make a fool of me!
나한테 화풀이 하지마!	Don't take it out on me!
쓸데없는 참견이다	none of your business
누가 상관이나 한대?	Who cares?
어떻게 되든 상관 없어	couldn't care less

PART 3 내 기분을 쓰자!

놀람

어이쿠!	gosh!
움지	oh boy
세상에 그럴 리가!	my eye!
놀랐다	surprised
정말 깜짝 놀랐다	shocked
말이 안 나올 정도로 깜짝 놀랐다	dumbfounded
너무 놀라 정신이 아찔했다	completely dumbfounded
놀란 마음을 감출 수 없었다	couldn't hide my surprise
정말?	Really?
믿을 수 없다	unbelievable
눈을 의심했다	couldn't believe my eyes
귀를 의심했다	couldn't believe my ears
설마!	no way!
그렇지 않을 걸	doubt it

불안

걱정이다	worried
긴장된다	nervous
	feel tense
마음이 조마조마하다	have butterflies in my stomach
병에 걸릴 정도로 걱정하다	worried sick
무섭다	scared
외롭다	lonely
어떡하면 좋지?	What should I do?
도망치고 싶다	want to run away
신경이 쓰여 어찌할 바를 모르겠다	can't take my mind off it
안심할 수 있는 말이 필요하다	need a reassuring remark
누가 나 좀 도와줘	help me
속 태우지 마!	Don't sweat it!

PART 3 내 기분을 쓰자!

안심

휴~	whew
안심했다	relieved
정말 다행이다!	what a relief!
한시름 놨다	able to breathe again
이제야 마음이 좀 놓인다	finally felt at ease
안심하고 잘 수 있다	can sleep in peace
안심하고 죽을 수 있다	can die in peace
한시름 놓으니 긴장이 풀렸다	went limp with relief
안심하긴 아직 이르다	can't rest easy yet
그건 다행이다	that's a load off my mind
어깨의 짐을 내렸다	it took a load off my shoulders
언제 안심할 수 있을까?	When can I be relieved?

후회

후회하고 있다	regret it
후회막급이다	deeply regret it
후회는 하지 않는다	have no regrets
이제와서 후회해도 늦다	too late for regret
이제와서 후회해도 어쩔 수 없다	no use regretting it now
지난 일은 돌이킬 수 없다	things past cannot be recalled
사과하고 싶다	want to apologize
그런 말 안 하는 게 나았다	shouldn't have said that
그에게 상냥하게 대해줘야 했다	should've been nice to him
시간을 되돌릴 수만 있다면	if only I could turn back the clock
그는 후회할거야	he'll be sorry

PART 3 내 기분을 쓰자!

음식에 대한 감상

맛있었다	tasty
	tasted good
정말 맛있었다	delicious
달았다	sweet
썼다	bitter
매웠다	spicy
	hot
짰다	salty
시었다	sour
새콤달콤했다	sweet-and-sour
기름졌다, 소화가 잘 안 된다	heavy
기름기가 많다	greasy
담백했다	tasted plain
바삭바삭했다	crispy
아삭아삭했다, 바삭바삭했다	crunchy

산 물건에 대한 감상

비쌌다	expensive
쌌다	low-priced / cheap
비쌌지만 만족한다	expensive but satisfying
싼 게 비지떡이었다	you get what you paid for
(싼 가격에) 잘 샀다	good deal
뜻밖에 싸게 샀다	steal
절반 가격이었다	50% off
추가 30% 할인이었다	additional 30% off
마음에 든다	like it
정말 마음에 든다	love it
사길 잘했다	glad I bought it
사지 말걸 그랬다	shouldn't have bought it
다른 색으로 1개 더 사둘걸 그랬다	should've bought another color, too

PART 3 내 기분을 쓰자!

스포츠, 이벤트 등에 대한 감상

즐거웠다	had fun
	had a ball
지겨웠다	boring
좋았다	good
그다지 좋지 않았다	so-so
생각보다 좋았다	better than I thought
생각만큼 즐겁지 않았다	wasn't as exciting as I thought
이겼다	won
졌다	lost
비겼다	tied
지쳤다	got tired
근육통이 왔다	got sore muscles
땀을 많이 흘렸다	sweated a lot
또 해보고 싶다	want to try again

책, 영화 등에 대한 감상

좋은 이야기였다	good story
정말 좋았다	very good
감동했다	touching
울게 만들었다	brought me to tears
재미있었다	fun
웃을 수 있었다	funny
흥미진진한 내용이었다	interesting
강력 추천!	highly recommended
실망이었다	disappointing
기대에 미치지 못했다	didn't come up to my expectations
어려웠다	hard
어려워서 이해가 안 됐다	too hard to understand
재미없었다	boring
시간낭비였다	waste of time

PART 3 내 기분을 쓰자!

사람의 겉모습에 대한 감상

멋있었다	cool
	good-looking
미인이었다	beautiful
	good-looking
화려하고 매력적이었다	gorgeous
귀여웠다	cute
겉모습은 평범했다	average-looking
(여성)미인과는 거리가 멀었다	homely
키가 컸다	tall
키가 작았다	short
세련됐다	stylish
센스가 있었다	classy
오타쿠 같았다 (무엇인가 한가지에 광적으로 집착하는 사람)	nerdy
진지해 보였다	looked serious
스타일이 좋았다	nice body / well-put together
눈이 컸다	big eyed
피부가 하얬다	fair-skinned
피부가 좋았다	beautiful-skinned

구릿빛 피부다	tanned
잘 생긴 / 예쁜 얼굴이었다	fine features
이목구비가 뚜렷한 얼굴이었다	well-defined features
윤곽이 뚜렷한 얼굴이었다	sculpted features
잘 생긴 사람이었다	nice-looking guy
근육질의 사람이었다	athletic type
섹시했다	hot
머릿결이 좋은 사람이었다	beautiful-haired
마른 편이었다	thin
체격이 좋았다	big and strong / well-built
(체격 좋고) 섹시한 남자였다	hunk
자그마했다	petite / slightly-built
통통했다	plump / full figure
포동포동했다	chubby
토실토실한 얼굴이었다	full-fleshed face
험상궂은 인상이었다	tough-looking / grim-looking
차분해 보였다	looked quiet

PART 3 내 기분을 쓰자!

사람의 성격에 대한 감상

성격이 좋았다	good-natured
기가 셌다	strong personality / strong-minded
매력 있는 성격이었다	magnetic personality
같이 있으면 즐거운 사람이었다	fun to be with
같이 있으면 재미없는 사람이었다	boring to be with
친절했다	friendly
무뚝뚝했다	unsociable
유머감각이 있는 사람이었다	had a good sense of humor
유머감각이 없는 사람이었다	had no sense of humor
겸손한 사람이었다	humble
우두머리 행세를 하는 사람이었다	bossy
예리한 사람이었다	sharp
멍청했다	stupid
우아했다	elegant
천박했다	vulgar
이상했다	weird / strange
매력적인 분위기를 가졌다	had an attractive aura
변덕스러웠다	erratic

논리적이었다	logical
현실적이었다	down-to-earth
설득력이 있었다	persuasive talker
이야기하기 편했다	easy to talk to
이야기하기 불편했다	hard to talk to
이야기하기 즐거웠다	pleasant to talk to
심술궂게 보였다	looked mean
말이 많은 사람이었다	big mouth / babbler / blabber mouth
아첨꾼이었다	flatterer
신뢰할 수 있는 사람이었다	reliable
거침없이 말하는 사람이었다	outspoken
온화한 사람이었다	mild-mannered
인상이 좋은 사람이었다	favorable impression
특이한, 별난 사람이었다	different type
늠름했다, 의젓했다	had such poise
목소리가 컸다	big-voiced
목소리가 작았다	small-voiced
멋진 목소리였다	sweet-voiced

PART 3 내 기분을 쓰자!

내게 하는 칭찬, 격려

열심히 잘 했어!	good job!
브라보!	bravo!
거의 다 했었는데	almost made it
나자신을 자랑스럽게 생각하다	proud of myself
좋은 교훈을 얻었다	good lesson
힘내!	Cheer up!
어떻게든 될 거야	it'll work out
걱정금물!	Don't worry!
어쩔 수 없어	can't be helped
그저 시간문제일 뿐이야	just a matter of time
내 잘못이 아니야	not my fault
운이 없었을 뿐이야	wasn't my day
다음에는 잘 될 거야	better luck next time
가능성은 있어	there's a chance
포기하지 말고 힘내!	Stick it out!

손해 볼 것 없어	nothing to lose
자신을 가져	be confident
나라면 할 수 있어!	I can do it!
(목표를 향해)화이팅!	Go for it!
어깨의 짐을 내렸다	it took a load off my mind
노력을 보상받았다	my hard work paid off
여유있게 하자	take it easy
인생 다 그런거지	that's the way it goes
내일은 내일의 해가 뜬다	tomorrow is another day

DIARY

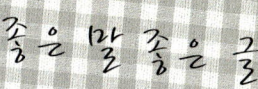
좋은 말 좋은 글

말에는 놀랄 정도로 힘이 있습니다.
말에 의해 격려를 받거나, 용기를 얻거나,
감동하거나, 힘을 얻거나,
사소한 말 한 마디가 그 사람의 인생을 바꾸는 경우도 있습니다.
여기에서는 그런 "좋은 말 좋은 글"을 소개합니다.
노트나 카드에 써서
자기자신, 친구에게 편지를 보낼 때 활용해 보세요.

인생

인생은 아름답다.
Life is beautiful.

만남을 소중하게 여기자.
Treasure each encounter.

인생에 리허설은 없다.
There's no rehearsal for life.

매일이 생일같다.
Every day is like a birthday.

인생에 쓸데없는 경험은 없다.
No experience is useless in life.

균형을 유지하는 것이 행복한 삶의 비결이다.
Being well-balanced is the key to a happy life.

오르막 길이 있으면 내리막 길도 있다. 그것이 인생이다.
We all have our ups and downs. That's life.

인생을 즐겁게 할지 괴롭게 할지는 모두 자기하기 나름이다.
Whether life is better or bitter, it's totally up to you.

한번 써 보자!

간단 메모
한 줄 일기
좋은 말 좋은 글
나만의 프로필

성공

어떤 달인이라도 처음에는 초심자다.
All experts were at one time beginners.

성공에 지름길은 없다.
There's no shortcut to success.

실패는 성공의 어머니다.
Success comes after much failure.

성공한 사람의 노력은 끝이 없다.
Successful people never cease to strive.

실패도 살리면 성공으로 연결된다.
Failure is success if you learn from it.

성공이란 가지고 있는 재능을 최대한 이용하는 것이다.
Success is the maximum utilization of the ability that you have. (Zig Ziglar)

꾸준한 노력이 성공하기 위한 최선의 방법이다.
Making steady efforts is the best way to succeed.

성공하기 위해 가장 중요한 것은 「나라면 할 수 있다」고 믿는 것이다.
The most important step toward success is to believe you can succeed.

한번 써 보자!

간단 메모
한 줄 일기
좋은 말 좋은 글
나만의 프로필

마음이 가벼워지는 말

완벽한 사람은 없어.
Nobody is perfect.

넌 혼자가 아니야.
You are not all alone.

있는 그대로의 네 모습이 제일 멋있어.
You're fabulous just the way you are.

가끔은 기분전환도 필요하다.
You should unwind a little now and then.

너무 무리하지 마.
Don't push yourself too hard.

실패해도 계속 도전해 나가면 돼.
It's OK to fail, just keep on trying.

밑져야 본전이야.
It won't hurt to try.

고민은 나누면 반이 되고 행복은 나누면 배가 돼.
A trouble shared is a trouble halved, and a joy shared is doubled.

한번 써 보자!

간단 메모
한 줄 일기
좋은 말 좋은 글
나만의 프로필

격려

힘내. 너라면 할 수 있어.
Cheer up. You can do it.

미소가 가장 좋은 화장품이야.
A smile is the best make-up.

포기하지 마.
Stick to it.

자신을 가져.
Be confident.

너 자신을 자랑스럽게 생각해.
Be proud of yourself.

그저 너답게 해.
Just be yourself.

꾸준히 노력하는 것도 재능이야.
Continuous effort is a talent, too.

다시 시작하는데 너무 늦은 때는 없어.
It's never too late to start over.

한번 써 보자!

간단
메모

한 줄
일기

좋은 말
좋은 글

나만의
프로필

좋은 말 좋은 글

어드바이스

문을 열어 봐, 새로운 내 모습을 찾을 수 있을지도 몰라.
Open the door. You may find a new you.

할 수 있다고 생각하면 할 수 있고, 할 수 없다고 생각하면 할 수 없어.
If you think you can, you can. If you think you can't, you can't.

나쁜 것보다 좋은 것에 집중하자.
Focus on the good things, not on the bad.

꿈을 추구하자.
Keep pursuing your dreams.

슬럼프는 자신을 강하게 하는데 필요한 것을 공부할 기회야.
A slump is an opportunity to learn a lot of things that can make you stronger.

먼길을 돌아가면서도 그 경치를 즐길 줄 아는 사람이 진정 행복한 사람이야.
The truly happy person is the one who can enjoy the scenery off the main road.

이상적인 인생의 시나리오를 만들어봐, 현실이 될 테니까.
Make a scenario of your ideal life. It'll come true.

그걸 꿈꿀 수 있다면 현실로 만들 수도 있어.
If you can dream it, you can do it. (Walt Disney)

한번 써 보자!

간단
메모

한 줄
일기

좋은 말
좋은 글

나만의
프로필

속담, 신조

꾸준함은 힘이 된다.
Perseverance pays off.

뜻이 있는 곳에 길이 있다.
Where there's a will, there's a way.

고통없이 얻는 것 없다.
No gain without pain.

학문에 왕도는 없다.
There's no royal road to learning.

연습이 완벽을 만든다.
Practice makes perfect.

행동이 말보다 강하다.
Actions speak louder than words.

경험은 최고의 선생님이다.(백문이 불여일견)
Experience is the best teacher.

오늘 할 수 있는 일은 오늘 하자.
Don't put off what you can do today.

열정적이고 겸손했던 첫 마음가짐을 잃지 말자.
Always maintain a beginner's first-time enthusiasm and humility.

한번 써 보자!

간단
메모

한 줄
일기

좋은 말
좋은 글

나만의
프로필

DIARY

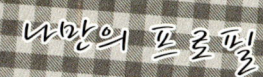 나만의 프로필

과거의 다이어리를 돌아보면
당시의 생활이 눈에 들어오지만,
꿈이나 소중한 것, 나의 장점 등은
시간이 흘러감에 따라 잊어버리게 됩니다.
여기서는 지금의 내가 보이는
10개의 항목을 준비했습니다.
질문에 답하는 형식으로, 다이어리의 빈 공간에
「나만의 프로필」을 적어 놓아보세요.
나중에 이 다이어리를 보면
당시의 생활 스타일 뿐만 아니라
자신의 내면도 추억할 수 있을 거예요.

올해의 포부는?

What's your New Year's resolution?
새해의 포부

I will save 10,000,000 won.
1000 만원 저금할거다.

I will keep a diary in English.
영어로 일기를 써야지.

I will not drink too much.
과음하지 않겠다.

I want to stay in good health.
건강을 지키고 싶다.

My New Year's resolution is to lose 7 kg.
새해의 포부는 7 킬로 감량하는 것이다.

My New Year's resolution is to work as a volunteer.
새해의 포부는 자원봉사활동을 하는 것이다.

※ I will ~. 「~ 할 것이다 (강한 의지)」 / I want to ~. 「~ 하고 싶다」 / My New Year's resolution is to ~. 「새해의 포부는 ~ 하는 것이다」

 나의 새해 포부를 써보자

한번 써 보자!

간단
메모

한 줄
일기

좋은 말
좋은 글

나만의
프로필

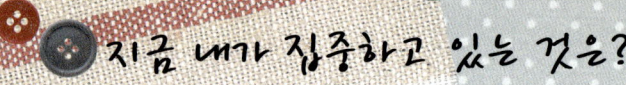

지금 내가 집중하고 있는 것은?

Is there anything you are into?
빠져있다

I'm into fantasy novels.
판타지 소설에 빠져 있다.

I'm into Pilates.
필라테스에 빠져 있다.

I'm into banana diets.
바나나 다이어트에 빠져 있다.

I'm crazy about Musical.
뮤지컬에 빠져 있다.

I'm crazy about collecting old coins.
오래된 동전 수집에 빠져 있다.

I enjoy growing vegetables in my garden.
정원에서 채소 재배하는 걸 즐기고 있다.

※ I'm into ~.「~에 빠져 있다」/ I'm crazy about ~.「~에 삼매경이다」/ I enjoy ~.「~을 즐기고 있다」

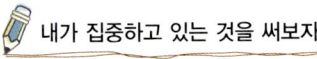 내가 집중하고 있는 것을 써보자

한번 써 보자!

간단
메모

한 줄
일기

좋은 말
좋은 글

**나만의
프로필**

Who do you respect?
〜을 존경하다

I respect my father.
아버지를 존경한다.

I respect the late Mother Theresa.
고(故) 마더 테레사를 존경한다.

I look up to prof. Kim.
김 교수님을 존경한다.

I think his effort deserves respect.
그의 노력은 존경받을 만하다고 생각한다.

I want to be a singer like Beyonce.
비욘세 같은 가수가 되고 싶다.

I want to be a great speaker like President Obama.
오바마 대통령 같은 멋진 연설가가 되고 싶다.

※ I respect ~.「~을 존경하다」/ I look up to ~.「~를 존경하다」/ I think ~ deserves respect.「~은 존경받을 만하다고 생각하다」/ I want to be… like ~.「~같은 …가 되고 싶다」

 내가 존경하는 사람을 써보자

한번 써 보자!

간단
메모

한 줄
일기

좋은 말
좋은 글

나만의
프로필

 꿈은?

What's your dream?

My dream is to live in my own house.
내 꿈은 내 집에서 사는 것이다.

My dream is to study abroad.
내 꿈은 해외로 유학가는 것이다.

My dream is to be an entrepreneur.
내 꿈은 사업가가 되는 것이다.

My dream is to win 3 billion won in the lottery and lead a luxurious life.
내 꿈은 30억원 복권에 당첨돼서 럭셔리한 삶을 사는 것이다.

I hope I can pass the civil service examination.
공무원 임용 시험에 합격하면 좋겠다.

I hope I can own a Ferrari someday.
언젠가 페라리를 가지면 좋겠다.

※ My dream is to ~. 「내 꿈은 ~ 하는 것이다」 / I hope ~. 「~ 하면 좋겠다」

 나의 꿈을 써보자

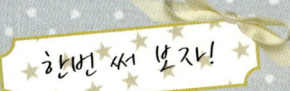

나만의 프로필

자신에 대해 좋아하는 점은?

What do you like about yourself?
자기자신에 대해

I like my smile.
내 미소가 좋다.

I like my sense of humor.
유머감각이 좋다.

I like that I'm punctual.
시간을 정확하게 지키는 점이 좋다.

I think I'm pretty understanding.
꽤 이해를 잘한다고 생각한다.

I don't brood on my failure. That's my strong point.
실패해도 끙끙 앓지 않는다. 그것이 나의 장점이다.

What I like about myself is that I'm positive-minded.
나 자신에 대해 좋아하는 점은 긍정적으로 생각하는 것이다.

※ I like that ~. 「~ 한 점이 좋다」 / That's my strong point. 「그것이 나의 장점이다」 / What I like about myself is that ~. 「나 자신의 좋은 점은 ~ 한 점이다」

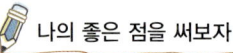
나의 좋은 점을 써보자

한번 써 보자!

간단 메모

한 줄 일기

좋은 말 좋은 글

나만의 프로필

자신의 성격 중 바꾸고 싶은 점은?

Is there any personality trait of yours that you want to change?
자신의 성격

I want to change my short-temperedness.
급한 성격을 바꾸고 싶다.

I want to change my self-centeredness.
자기중심적인 면을 바꾸고 싶다.

I don't like that I give up easily.
쉽게 포기하는 점이 싫다.

I don't like that I'm easily influenced by others.
다른 사람에게 쉽게 영향 받는 점이 싫다.

I want to be outspoken.
확실하게 말할 수 있는 사람이 되고 싶다.

There's nothing I want to change about myself.
I like the way I am.
나 자신을 바꾸고 싶은 점이 없다. 지금 모습 이대로의 내가 좋다.

※ I want to change my ~. 「나 자신의 ~한 점을 바꾸고 싶다」 / I don't like that ~. 「~한 점은 좋아하지 않는다」

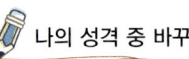 나의 성격 중 바꾸고 싶은 점을 써보자

한번 써 보자!

간단 메모
한 줄 일기
좋은 말 좋은 글
나만의 프로필

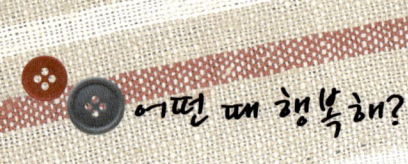

어떤 때 행복해?

When do you feel happy?
행복하다고 생각하다

I feel happy when I'm with my loved ones.
사랑하는 사람들과 함께 있을 때 행복하다고 느낀다.

I feel happy when I eat something delicious.
맛있는 음식을 먹을 때 행복하다고 느낀다.

I feel happy when I take a hot bath.
따뜻한 욕조에 들어갔을 때 행복하다고 느낀다.

I feel happy when I see my children's smiles.
아이들의 미소를 볼 때 행복하다고 느낀다.

I feel happy when I can sleep as much as I want.
원하는 만큼 잘 수 있을 때 행복하다고 느낀다.

I feel happy when I'm needed at work or by friends.
직장이나 친구들이 나를 필요로 할 때 행복하다고 느낀다.

※ I feel happy when ~. 「~ 할 때 행복하다고 느낀다」

 내가 행복하다고 생각하는 때를 써보자

한번 써 보자!

간단 메모

한 줄 일기

좋은 말 좋은 글

나만의 프로필

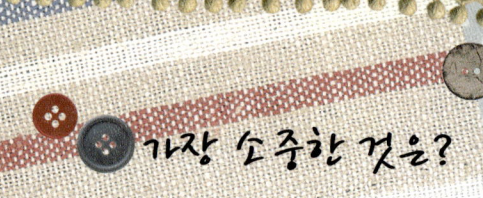

What's the most important thing for you?
가장 소중한 것

Family is the most important thing.
가족이 가장 소중하다.

Money is the most important thing for me.
나에게는 돈이 가장 소중하다.

The most important thing for me is work.
나에게 있어 가장 중요한 것은 일이다.

The most important thing is good health.
가장 중요한 것은 건강이다.

I need mental strength.
나에게는 강한 정신력이 필요하다.

I treasure friendship.
우정을 소중하게 여긴다.

※ ~ is the most important thing. 「~이 가장 소중하다」 / The most important thing is ~. 「가장 소중한 것은 ~ 다」 / I really need ~. 「나에게는 ~ 이 정말 필요하다」 / I treasure ~. 「나는 ~ 을 소중히 여긴다」

 나에게 가장 소중한 것을 써보자

한번 써 보자!

간단
메모

한 줄
일기

좋은 말
좋은 글

나만의
프로필

매일 하고 있는 것은?

Is there anything you never miss to do every day?
잊지 않고 하다

I jog for 3 km every morning.
매일 아침 3 킬로씩 조깅한다.

I take care of my houseplant every day.
매일 화초를 손질한다.

I keep a diary in English every day.
매일 영어로 일기를 쓴다.

I take dietary supplements every day.
매일 건강 보조 식품을 먹고 있다.

I never miss my stretching before sleep.
자기 전에 꼭 스트레칭을 한다.

I pray for my family's safety every day without fail.
매일 잊지 않고 가족의 안전을 기도한다.

※ I never miss ~. 「결코 ~을 빼먹지 않다」

 내가 매일 하고 있는 것을 써보자

한번 써 보자!

간단
메모

한 줄
일기

좋은 말
좋은 글

나만의
프로필

나만의 프로필

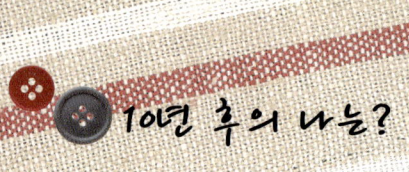
10년 후의 나는?

What do you think you'll be doing in 10 years?
(미래의)~후

I'll be enjoying my hobbies.
취미를 즐기고 있을 것이다.

I'll be married and busy raising my children.
결혼해서 아이를 키우느라 바쁠 것이다.

I'll probably be leading the same life as now.
아마 지금과 다르지 않은 생활을 하고 있을 것이다.

I hope I'll be learning how to dance.
춤을 배우고 있으면 좋겠다.

I hope I'm in a managerial position.
관리직을 맡고 있으면 좋겠다.

I'll be traveling all over the world.
세계여행을 하고 있을 것이다.

※ I'll probably be ~ing. 「아마 ~ 하고 있을 것이다」 / I hope ~. 「~면 좋겠다」

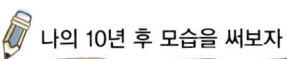 나의 10년 후 모습을 써보자

한번 써 보자!

MY FIRST ENGLISH DIARY

SUN	MON	TUE	WED

THU	FRI	SAT	MEMO

MONTHLY

SUN	MON	TUE	WED

THU	FRI	SAT	MEMO

MONTHLY

SUN	MON	TUE	WED

THU	FRI	SAT	MEMO

MONTHLY

SUN	MON	TUE	WED

THU	FRI	SAT	MEMO

MONTHLY

SUN	MON	TUE	WED

MONTHLY

SUN	MON	TUE	WED

THU	FRI	SAT	MEMO

MONTHLY

SUN	MON	TUE	WED

THU	FRI	SAT	MEMO

MONTHLY

SUN	MON	TUE	WED

THU	FRI	SAT	MEMO

SUN	MON	TUE	WED

THU	FRI	SAT	MEMO

MONTHLY

SUN	MON	TUE	WED

THU	FRI	SAT	MEMO

MONTHLY

SUN	MON	TUE	WED

THU	FRI	SAT	MEMO

MONTHLY

SUN	MON	TUE	WED

THU	FRI	SAT	MEMO

저자소개

Ishihara Mayumi

영어학습 스타일리스트

고등학교 졸업 후 미국으로 유학. 콜로라도 주에서 영어와 비서업무, 경영학을 공부한 후 통역사로 종사했다. 귀국 후, 영어회화학원과 기업 등지에서 영어회화를 가르치는 한편, 집필활동을 시작했다. 베스트셀러가 된「영어로 일기를 써 보다」(베레출판)에서 " 초급자를 위한 새로운 영어공부법" 을 제안하여 주목을 모았다. 집필 외에 TV, 라디오 출연, pod 캐스터DJ, 콘테스트 심사위원, 세미나강의 등 다방면에서 활약하고 있다.

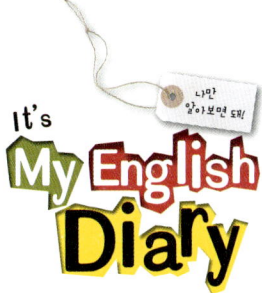

초판발행	2010년 9월 15일
초판 3쇄	2011년 9월 20일

저자	Ishihara Mayumi		
발행인	이기선		
발행처	제이플러스		
주소	서울시 마포구 월드컵로 31길 62		
전화	(02) 332-8320	팩스	(02) 332-8321
등록번호	제10-1680호		
등록일자	1998년 12월 9일		
홈페이지	www.jplus114.com		

ISBN   978-89-94632-06-3

값 13,000원

EIGO DE TECHO WO TSUKETE MIRU
© MAYUMI ISHIHARA 2009
Originally published in Japan in 2009 by BERET PUBLISHING CO.,LTD.
Korean translation rights arranged through TOHAN CORPORATION, TOKYO.
and EntersKorea CO.,Ltd.

이 책의 한국어판 저작권은 (주)엔터스코리아를 통해 저작권자와 독점 계약한
도서출판 제이플러스에 있습니다.
신 저작권법에 의하여 한국 내에서 보호를 받는 저작물이므로 무단전재와 무단복제를 금합니다 .